Reinhold Messner, Bergsteiger aus Berufung und Neigung, wurde 1944 in Villnöß/Südtirol geboren. Dort leitet er – wenn er nicht gerade zu Klettertouren, Expeditionen oder Vortragsreisen in den verschiedensten Ländern der Welt unterwegs ist – die von ihm gegründete »Alpinschule Südtirol«. Er hat in nahezu 30 Jahren seiner Bergsteigerkarriere extremste Touren und Erstbegehungen in den Ost- und Westalpen, in den Anden und im Himalaya unternommen. Zweimal hat er den Mount Everest ohne Sauerstoffmaske bezwungen.

Reinhold Messner erhielt für seine alpin-schriftstellerische Arbeit im Laufe der Jahre mehrere Auszeichnungen: 1968 den Literaturpreis Premio Monti, 1975 den ITAS-Preis im Rahmen des Trento-Festivals und 1976 den Buchpreis des Deutschen Alpenvereins für das beste Sachbuch auf dem Gebiet der alpinen Literatur.

D1732462

Von Reinhold Messner sind außerdem
als Knaur-Taschenbücher erschienen:

»Die Herausforderung« (Band 3603)
»Die großen Wände« (Band 3622)
»Alleingang« (Band 3638)
»Die Extremen« (Band 3651)
»K2 – Berg der Berge« (Band 3674)
»Bergvölker im Himalaja« (Band 3702)
»Zurück in die Berge« (Band 3704)
»Der gläserne Horizont« (Band 3733)

Vom Autor neu bearbeitete und erweiterte Taschenbuchausgabe
Droemersche Verlagsanstalt Th. Knaur Nachf. München
Lizenzausgabe mit freundlicher Genehmigung von Reinhold Messner
Copyright © by Reinhold Messner
Alle Fotos stammen von der Tiroler Himalaya-Expedition 1972
Karten Hellmut Hoffmann
Umschlaggestaltung Franz Wöllzenmüller
Umschlagfoto Reinhold Messner
Reproduktion Repro Fuchs, Salzburg
Satz Werksatz GmbH, Wolfersdorf
Druck und Bindung Ebner Ulm
Printed in Germany · 1 · 15 · 385
ISBN 3-426-03752-1

1. Auflage

Reinhold Messner:
Sturm am Manaslu

Himalaya-Expeditions-Report

Mit zahlreichen, zum Teil farbigen Abbildungen

ISBN 3-426-03752-1   780

*Für Edith Jäger
und Hildegard Schlick*

Inhalt

Die Westwand des Manaslu mit den Routen der Japaner von 1956 und 1971.

Manaslu Süd — Tragödien und Erfolge

Der Manaslu in Nepal, 8156 m hoch, der achthöchste Berg der Erde — für die Japaner von gleicher Bedeutung wie für deutsche Bergsteiger der Nanga Parbat —, wurde 1956 nach mehrmaligen dramatischen Versuchen von einer japanischen Expedition erstmals über die flache Nordostseite bestiegen. Der »Heilige Berg« war entweiht, die Einheimischen grollten.

Im Jahre 1971 gelang einer starken Gruppe von japanischen Bergsteigern der Aufstieg über den Nordwestpfeiler.

1972 schlug eine kleine Tiroler Expeditionsmannschaft ihr Basislager am Fuße der 4000 m hohen Südflanke des Manaslu auf. Der untere Teil der Wand ist so steil und eisschlaggefährlich, daß man bereits hier den Rückzug erwog; dann aber fand sich doch noch eine Route — VI. Schwierigkeitsgrad, mehr als 10 km lang —, sie sollte die bis dahin schwierigste Route im Himalaya werden.

Mehr als 10 Jahre später erst, im Herbst 1983, gelang einer starken internationalen Expedition unter der Leitung des Münchner Bergführers Günther Härter unter günstigen Bedingungen die zweite Begehung dieser Route. Der Expeditionsleiter sowie der Südtiroler Hermann Tauber, Herbert Streibl, Hubert Welns, die beiden Sherpas Ang Dorje und Nima Rita erreichten dabei den Gipfel.

Zwei Jahre vorher, im Herbst 1981, war einer kleinen französischen Expedition eine Pioniertat am Manaslu gelungen, wobei die zweite Hälfte der Aufstiegsroute der Tiroler Expedition von 1972 benützt wurde. Die Franzosen — Leiter war Pierre Beghin — durchstiegen die teils extrem schwierige Westwand (70° im Eis, brüchiger Fels) und erreichten in einer Höhe von 6700 m den Südwestgrat und die von Reinhold Messner und seinen Kameraden 1972 begangene Route. Nach sechs Tagen harter Kletterei errichteten die Franzosen an dieser Mündungsstelle Lager 2. Ein drei Tage während Sturm aber zwang sie wieder zum Abstieg ins Basislager. Doch sie gaben nicht auf und erreichten am 4. Oktober abermals Lager 2. Zwei Tage später kletterten Beghin und Müller über ein 50° steiles Schneecouloir und durch Séraczonen bis zum Gipfelplateau, wo sie biwakierten. Am folgenden Tag durchquerten sie das mehr als zwei Kilometer lange Gipfelplateau, erreichten den Gipfel und kehrten zum Biwak zurück. Einen Tag später folgte ihnen Brétin solo, fand nach seinem Gipfelgang das Biwak nicht und mußte so bis zum Lager 2 absteigen, das er um Mitternacht erreichte.

Im Frühling 1983 versuchte eine jugoslawische Großexpedition mit 16 Teilnehmern und 6 Sherpas, den Südgrat erstmals zu durchsteigen. Dabei kletterten sie in der unteren Hälfte über die Tiroler Route. Die Jugoslawen, teils exzellente Höhenbergsteiger, fanden im schwierigsten Abschnitt, am »Pfeiler«, einen Großteil der Leitern und Sicherungsseile, die die Tiroler 1972 und vor allem japanische Bergsteiger 1976 (Versuch der Besteigung des Peak 29) dort hatten hängen lassen. So konnten sie die Hochlager in kurzer Zeit bis auf 6650 m vorschieben. (Lager 1:

Jernej Zaplotnik

Ante Bučan

4450 m; Lager 2: 5300 m; Lager 3: 5700 m). Am 22. April stieg eine Seilschaft bis 7050 m auf und erkannte in einem Schneerükken rechts des felsigen Südgrates eine ideale Aufstiegsroute. Alles war vorbereitet. Nach einer Rastpause im Basislager sollte der erste Gipfelsturm erfolgen. Am 24. April jedoch, beim Zustieg zum Wandfuß, wurden Jernej Zaplotnik, einer der besten Bergsteiger der Welt, und Ante Bučan wenig unterhalb des »Pfeilers« von stürzenden Eismassen erschlagen.

Zu fünft (3 Sahibs und 2 Sherpas) waren die Männer von Lager 1 unterwegs zum Lager 2, als links des Pfeilers eine mächtige Eislawine niederging. Zaplotnic und Bučan wurden von Fels- und Eisbrocken verschüttet. Die zwei Sherpas konnten sich retten, der dritte Jugoslawe wurde verletzt und mußte im Hubschrauber nach Kathmandu geflogen werden. Die Expedition wurde abgebrochen. Alle Ausrüstung blieb am Berg. Ein weiterer schwerer Unfall ereignete sich auf der Heimfahrt, als der Lastwagen mit der Ausrüstung und den Trägern an Bord abstürzte.

»Nejc« Zaplotnik war 31 Jahre alt und hatte den Makalu über die Südwand (Erstbegehung), den vollständigen Westgrat am Everest und eine neue Route am Hidden Peak begangen.

Da die jugoslawischen Bergsteiger notgedrungen alle Fixseile und Lager in der Wand belassen hatten, fand die nächste Südwandexpedition — die deutsche (internationale) Manaslu-Expedition im Herbst 1983 — eine großteils präparierte Route vor und erreichte am 22. Oktober den Gipfel. Doch auch diese Expedition hatte lange mit Widrigkeiten zu kämpfen gehabt: Vor dem ersehnten Erfolg hatte ein Schneesturm ihr Lager II in 6600 m zerstört und damit unersetzliche Ausrüstung vernichtet. Der Aufstieg über den Südgrat (Versuch der Jugoslawen) wurde aufgegeben. Härter entschied sich nach einem erfolglosen Vorstoß am Südgrat für eine alte Route und eine andere Taktik, den Alpenstil ohne fixe Hochlager.

Wenn man bedenkt, wie lange es gedauert hat, bis die Manaslu-Südwand wiederholt werden konnte, um wieviel stärker als die Tiroler 1972 die internationale Mannschaft von 1983 war, um wieviel inzwischen der Erfahrungsschatz angewachsen ist, um wieviel sich die Ausrüstung verbessert hat, vor allem gewichtsmäßig, gewinnt die Südwand-Expedition von 1972 an Bedeutung. Sie ist immer noch aktuell.

Wolfgang Nairz hatte eine junge, schlagkräftige Kleinexpedition zum Manaslu geführt und trotz widriger Witterungsumstände die unerforschte und im unteren Teil extrem schwierige Südwand meistern können. Eine Erstbegehung ohne jede Vorarbeit. Trotz der Tragödie am Ende und den vielen Angriffen in der Presse ist diese Mannschaft untereinander befreundet geblieben. Heute noch unternimmt der »harte Kern« der Gruppe gemeinsam Expeditionen. Wolfgang Nairz, inzwischen Leiter der Hochgebirgsschule Tyrol, Dr. Oswald Oelz, heute Internist und Privatdozent in Zürich, und Reinhold Messner waren zusammen am Makalu und am Mount Everest. Horst Frankhauser, heute Hüttenwirt auf der Franz-Senn-Hütte, war mit ihnen am Ama Dablam. Auch Hansjörg Hochfilzer, inzwischen Hüttenwirt auf der Gaudeamushütte, sowie Josl Knoll, Pensionist und Weltenbummler, waren noch öfters dabei. Hans Hofer hatte die Witwe von Andi Schlick geheiratet, verunglückte aber bei einem Helikopter-Rettungseinsatz tödlich.

Reinhold Messner, der mit dem Manaslu seinen zweiten Achttausender bestiegen hat, erzählt so hautnah von dieser Expedition, als hätte sie gerade erst stattgefunden. Die Geschichte hat ihm recht gegeben: Die Manaslu-Südwand ist, wie er schon 1972 schrieb, eine der gefährlichsten Himalaya-Wände.

Ein Sherpa im Aufstieg über den schwierigen Felspfeiler in der Manaslu-Südwand.

Manaslu 1972 − Eine Tragödie
verwirklichter Bergkameradschaft

Der Expedition war ein Gipfelsieg beschieden. Doch er forderte den höchsten Preis. Zwei unserer Freunde verloren dabei ihr Leben.

Der Gipfel war gefallen, unser Ziel schien erreicht zu sein. Mit einem Schlag wandte sich das Geschick der Expedition. Franz und Andi starben für ihr Helfenwollen bis zum Letztmöglichen. Es entsprach ihrem Charakter und wurde zur Tragödie verwirklichter Bergkameradschaft. Durch eine verhängnisvolle Verkettung unvorhersehbarer Faktoren wurde diese Tragödie ausgelöst.

Das Manaslu-Unternehmen hatte nicht den Charakter einer alpinen Führungstour − es war ein Vorhaben von gleichwertigen, höchstqualifizierten, erfahrenen Berufsbergführern; jeder von ihnen war gewohnt, in schwicrigen Situationen selbständig zu handeln und verantwortungsbewußt zu entscheiden.

Die Zielsetzung der Expedition hieß, den Gipfel zu erreichen. Jeder Anstieg auf einen Achttausender ist von Lawinen, Eis- und Steinschlag und Wetterstürzen bedroht, und zu einem Erfolg gehört auch eine Menge Glück. Keiner, der an einem Angriff auf einen Himalaya-Riesen teilnimmt, hat − auch bei vorsichtigstem Vorgehen − die Gewähr (außer er hält sich bloß in Basislagerregionen auf), daß er überhaupt heimkommt oder keine gesundheitlichen Schäden davonträgt.

Jeder einzelne Teilnehmer der Tiroler Himalaya-Expedition hatte sich mit diesem ernsten Problem auseinandergesetzt, bevor er sich zur Teilnahme an dem schwierigen Unternehmen entschloß.

Das Problem Manaslu-Südwand wurde gelöst, wenn auch nur einer aus der Mannschaft die Spitze zu erreichen vermochte. Reinhold Messner war an diesem Tag in der entsprechenden körperlichen Verfassung, um nach unserem Traumziel greifen zu können. Auch die äußeren Umstände waren ideal: die gesamte Mannschaft befand sich zwischen Lager II und Lager IV. Mess-

Die Tiroler Mannschaft 1972 in der Wand

ners Begleiter Franz Jäger war dabei keineswegs »angeschlagen«, er wurde auch nicht »rücksichtslos« in den »vereisten« Felsen zurückgelassen, wie es zu lesen stand. Franz fühlte sich lediglich der noch vor ihm liegenden, maßlosen Anstrengung eines Ganges zum Gipfel mit Rückkehr zum Lager am gleichen Tag nicht gewachsen. Er verzichtete in vornehmer Gesinnung auf den Ruhm, selbst am Gipfel zu stehen, und gab Reinhold den Weg frei, damit dieser im Alleingang das große Ziel erreichen, den Erfolg seiner Expedition und den seiner Kameraden sichern konnte.

Jäger kehrte in klarer Beurteilung der Lage um. Es bestanden für Reinhold nicht die geringsten Bedenken, daß Franz nicht zum Zelt hinabgelangen würde.

Himalaya-Männer und Fachexperten wie Ernst Senn, Professor Mathias Rebitsch, Jan Boon und Hias Noichl erklärten übereinstimmend, daß auch sie an Stelle von Messner Franz Jäger unbesorgt hätten absteigen lassen.

Es gibt zahlreiche Parallelen in der Himalaya-Geschichte. Am bekanntesten ist vielleicht der Alleingang Hermann Buhls zum Nanga Parbat, nachdem sein Kamerad Kempter am Silbersattel wegen Konditionsschwäche sitzen geblieben war und dann allein zum Lager abstieg.

14

Felix Kuen erreichte den Gipfel des Nanga Parbat 1½ Stunden vor seinem Seilgefährten Scholz.

Bei vielen − ja den meisten − Everest-Expeditionen stiegen Teilnehmer allein über schwieriges, absturzgefährliches Gelände ab.

Die Expedition war gründlich vorbereitet worden und wurde umsichtig geleitet. Jeder einzelne gab sein Bestes in seinem Aufgabenbereich. Reinhold Messner setzte mit seinem Alleingang den Schlußstein auf die Pyramide. Er setzte auch sein Leben ein, um der Expedition, um uns den Erfolg zu bringen.

Reinhold Messner

Mit der Durchsteigung der Manaslu-Südwand wurde eines der größten Himalaya-Probleme gelöst, an das man vor wenigen Jahren noch nicht zu denken wagte.

Nebenbei bemerkt, waren wir die einzige Expedition, der es in dieser Saison trotz aller Wetterunbill gelang, einen Achttausender zu bezwingen.

Trotz der ungeheuren seelischen Belastung durch das über uns hereingebrochene Verhängnis ist die Mannschaft so geschlossen und freundschaftlich verbunden in die Heimat zurückgekehrt, wie sie ausgezogen war. Und so wird sie zu einem neuen geplanten Unternehmen wieder aufbrechen.

Wolfgang Nairz

Wolfgang Nairz
Expeditionsleiter
der Tiroler Himalaya-Expedition

Himalaya-Bergsteigen —
Eine neue Epoche hat begonnen

Die Achttausender der Erde standen lange Zeit im Mittelpunkt eines weltweiten Interesses; sie wurden erkundet, belagert, angegriffen — immer wieder angegriffen.

1895 hatte Mummery am Nanga Parbat einen ersten Versuch gewagt — 1950 standen Herzog und Lachenal auf dem Gipfel der Annapurna. Dazwischen liegen viele Expeditionen, deren Männer in Kameradschaft und Opfergeist die Voraussetzungen für die späteren Erfolge geschaffen haben.

Innerhalb von fünfzehn Jahren wurden alle vierzehn Achttausender bestiegen — der Run auf den »dritten Pol« war beendet.

Für uns junge Bergsteiger aber sind die Eisriesen in Hochasien immer noch Traum und Ziel. Wir haben an ihnen neue Probleme gesucht und sind dabei, sie zu lösen.

Während man vor zwanzig Jahren den leichtesten Weg auf den Gipfel suchte, die sogenannten »Normalrouten« eröffnete, machen wir es uns heute zur Aufgabe, die größten und schwierigsten Wände zu erklettern.

Die Geschichte des Alpenbergsteigens wiederholt sich im Himalaya. Wie in den dreißiger Jahren die großen Wände der Alpen erobert wurden, so belagert die junge Bergsteigergeneration von heute die unberührten Riesenflanken der Achttausender.

Einige sind schon durchstiegen: Im Sommer 1970 gelang einem Team von englischen und amerikanischen Bergsteigern der Durchstieg durch die 3000 Meter hohe Südwand der Annapurna, wenige Wochen später wurde die Rupalflanke am Nanga Parbat bezwungen, im Sommer 1971 erkletterte eine französische Mannschaft den 3200 Meter hohen und äußerst schwierigen Makalu-Westpfeiler, und wir konnten dieses Jahr mit einer kleinen Tiroler Mannschaft das Problem Manaslu-Südwand lösen.

Kletterei im senkrechten Felspfeiler. Die Sherpas sicherten sich doppelt. Einmütig versicherten sie, niemals im Leben auch nur eine annähernd so schwierige Route geklettert zu sein.

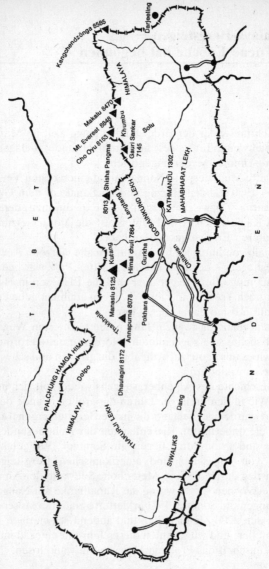

Das Königreich Nepal. Die Tiroler Himalaya-Expedition 1972 flog von München über Neu-Delhi nach Kathmandu und weiter nach Pokhara. Von dort marschierten sie zum Manaslu.

Zehn Eislawinen pro Stunde

»Erkundungstrupp eins, hier Erkundungstrupp eins, Basislager bitte kommen!« sagte ich, ließ die Sprechtaste los und lauschte. Niemand meldete sich.

»Bestimmt haben sie die Funkzeit vergessen«, sagte Horst.

»Erkundungstrupp eins, hier Erkundungstrupp eins, Basislager bitte melden«, wiederholte ich und hielt das Gerät näher ans Ohr. Wieder keine Antwort.

»Warten wir noch fünf Minuten«, sagte Horst und suchte weiter mit dem Fernglas die Wand ab.

»Ich bleibe auf Empfang.«

Vorsichtig legte ich das Funkgerät auf meinen Rucksack, der an einem tischgroßen Felsblock lehnte. Schnee lag zwischen den Steinen, in jeder Mulde, ab und zu krachte es im Toteis unter uns. Wir saßen an der orographisch linken Randmoräne des Thulagi-Gletschers, unmittelbar unter der gewaltig hohen Südwand des Manaslu.

»Schau, eine Lawine!« rief Horst plötzlich und wies hinauf zum Eisfall, der über dem Thulagi-Gletscher hängt. Eine riesige weiße Wolke aus Schneestaub verhüllte den Wandfuß, mit wildem Tosen und Krachen schlugen einzelne Eistrümmer unten ein.

»Verdammt«, dachte ich.

»Zu dumm«, sagte Horst.

»Wir müssen aufschreiben, wie viele es sind, und vor allem wo sie abgehen. Bevor wir keinen sicheren Durchschlupf in dieser Lawinenzone ausfindig gemacht haben, steige ich nicht ein!«

»Ich auch nicht!«

Wieder studierten wir die Wand.

Etwas im Funkgerät piepste mehrere Male, dann hörten wir eine Stimme.

Horst drückte die Sprechtaste.»Erkundungstrupp eins«, sagte er, »bitte kommen.«

»Wer ist da?« fragte jemand im Basislager.

»Ich, Horst.«

»Wie geht es euch?« fragte die Stimme.

»Nicht übel, wir sehen gut in die Wand ein, eben ging eine Lawine ab, ungeheuerlich. Ich gebe das Gerät an Reinhold weiter, bitte kommen.«

»Grüß dich, Andi, ich denke, es gibt einen Weg. Wir wollen die Wand weiter beobachten, die Eislawinen zählen, aber der Felspfeiler im rechten Wandteil ist relativ sicher, nach meiner Meinung ganz sicher! Dort geht es. Was sagst du dazu, bitte kommen.«

»Meinst du den senkrechten Felspfeiler rechts vom Eisfall?«

»Ja, den.«

»Der Fels dort ist brüchig und überhängend, der Pfeiler ist mehr als 500 Meter hoch, in dieser Meereshöhe fast unmöglich, bitte kommen.«

»Wenn er lawinensicher ist, machen wir ihn«, sagte ich, und dann: »Das Fabelhafte daran ist, daß es nur diese Route gibt, alle anderen Aufstiegsmöglichkeiten sind zu gefährlich!«

»Meinst du wirklich, wir kommen da durch?«

»Ganz bestimmt. Es ist nur schlimm, daß so viele Lawinen abgehen. Das beunruhigt mich noch. Hat sich übrigens Wolfi schon gemeldet?«

»Nein!«

»Dann warten wir hier. Wir wollen die Wand inzwischen weiter beobachten, in einer Stunde melden wir uns wieder, Ende bis dahin!«

»Ende!«

Die Nachricht, es solle eine relativ sichere Route durch die Manaslu-Südwand geben, überquerte in wenigen Minuten den Thulagi-Gletscher. Sie gelangte bis ins vorläufige Basislager und löste Unruhe aus unter denen, die den Südabsturz dieses »heiligen Berges« noch als Inbegriff der Unersteigbarkeit ansahen. Berechtigte Unruhe!

Tags zuvor hatte ich, was den Aufbau der Südwand betraf, noch völlig im dunkeln getappt. Ich wußte nur, daß im Osten der Peak 29 steht, rechts davon der Himal chuli und daß ein langer Gletscherstrom an die Manaslu-Südwand führt.

Die oberen zwei Drittel der Manaslu-Südwand; rechts der Südgrat.

Vor zehn Jahren hatte eine japanische Expedition diesen Gletscher auf der Suche nach einer Aufstiegsroute zum Peak 29 überschritten, jedoch das Unternehmen aufgegeben und das Gebiet verlassen, ohne eine genaue Skizze anzufertigen. Augenscheinlich war der Kessel, der sie nicht mehr interessierte, für Besteigungen zu wild, die Wände zu steil, die Gefahren zu groß.

Die Manaslu-Südwand ist von riesigen Eisfällen und Seracs durchzogen. Nach den Berichten unserer vier Kameraden war sie auch mir völlig unmöglich erschienen. Bei der ersten Erkundung vor zwei Tagen war Nebel aufgekommen. Hansjörg und Franz hatten nur den Schneehang gesehen, der vom Gletscher zum felsigen Wandfuß hinaufzieht. Sie waren voller Zuversicht, bis sie anderntags mit Hans und Andi neuerdings unter der Wand standen. Seit diesem Vormittag waren sie überzeugt, daß die Wand unüberwindbar sei. Sie zählten zehn Eislawinen in einer Stunde! Ich war mit dem zweiten Teil der Mannschaft erst zwei Wochen nach dem Vortrupp in Europa aufgebrochen und kam gerade in dem Augenblick im Basislager an, als sie niedergeschlagen aus dem Südwandkessel zurückkehrten.

»Von dieser Seite ist der Manaslu unmöglich«, behauptete Hans. »Der Weg wäre objektiv viel zu gefährlich«, bestätigte Hansjörg. Auch Andi hegte schwere Zweifel hinsichtlich einer Aufstiegsmöglichkeit durch die Südseite. Er begründete dies jedoch nicht mit Gletscherbruch. Nebelschwaden hatten ihn manchmal nur den Umriß der Dinge erkennen lassen. Er führte seine Bedenken auf etwas zurück, was er selbst nicht zu bestimmen vermochte und doch undeutlich als zu große Gefahr erkannte.

Unser Sirdar Urkien, der die zweite Erkundung geleitet hatte, sagte nur »impossible« immer wieder »impossible!«

»Die Eiswülste links und rechts sind wie gespannte Fallen«, pflegten die vier im Basislager zu sagen. »Sie bedrohen die ganze Wand.« Wir bekamen das Gefühl, die Südseite des Manaslu entgleite uns zusehends und erwogen bereits, das Basislager an die Westseite des Berges zu verlegen, dachten auch an die Nordseite, wo zur gleichen Zeit eine Expedition aus Südkorea operierte. Aber vorerst wollten Horst und ich die Wand noch eingehender

Der Felspfeiler, über den die Tiroler Himalaya-Expedition die Südwand des Manaslu angriff. Er ist ebenso hoch wie die Nordwand der Großen Zinne und ebenso schwierig. Oben das Eislabyrinth. (---- = Route)

studieren, auch die anderen bestanden darauf, obwohl sie keine Chance mehr sahen.

Vierundzwanzig Stunden später sollten sie sich von der Stimme im Funkgerät davon überzeugen lassen, daß sich nun doch eine Möglichkeit zeigte.

Horst und ich saßen immer noch auf der linken Moräne. Der Thulagi-Gletscher unter uns, der in einem großen Bogen bis an den Fuß der Manaslu-Südwand hinaufzog, war frisch angeschneit. Nur einzelne größere Steinbrocken lagen trocken da und gaben dem Strom etwas Träges.

Ein zweiter Erkundungstrupp war nach uns im vorläufigen Basislager aufgebrochen und marschierte am anderen Ufer des toten Gletschers taleinwärts. Mit dem Fernglas konnten wir drei kleine Punkte ausmachen, die sich Mulde auf, Mulde ab, über Schutt und Eis vorwärtsplagten. Einmal je Stunde standen wir in Funkverbindung mit ihnen und dem Rest der Mannschaft, der im vorläufigen Basislager zurückgeblieben war. Beim ersten Funkgespräch konnten die anderen noch nicht in die Wand einsehen und hatten sich vermutlich deshalb nicht ins Gespräch eingeschaltet.

Die wilde Welt vor uns war uns noch so wenig vertraut, daß zu viele Eindrücke zugleich auf uns eindrangen. Die Sohle des Tales, durch das wir aufgestiegen waren, füllt der Thulagi-Gletscher. Gleichbleibend breit, eineinhalb Kilometer etwa, zieht er sich leicht ansteigend, einen Halbkreis bildend, drei Marschstunden lang bis hinein in den Kessel, der uns jetzt soviel Kopfzerbrechen bereitete.

Rechts steht die trapezförmige Westwand des Peak 29, zweimal so hoch wie die Eiger-Nordwand und von einem Dutzend Eisbalkonen durchzogen, die wie Fallbeile oben kleben. Links steht ein spitzer Felsturm, dahinter ein Siebentausender, der Gipfelaufbau bedeckt mit Riffelfirn, wie ich es sonst nur in den Anden gesehen hatte. Im Talschluß, etwas nach hinten geschoben und deshalb verzerrt, ragt der Manaslu auf.

Die Manaslu-Südwand ist ein Wandabbruch von viertausend Metern, Fels und Eis gemischt. Eiskaskaden hängen zwischen riesigen Felspfeilern, weiß und rissig wie der Mörtel an einer faulen Mauer.

Im Fernglas sah der Pfeiler am Wandfuß gangbar aus, wenn er auch größte Schwierigkeiten versprach. Wir waren aber bereit,

24

größere Schwierigkeiten für eine objektiv sichere Route in Kauf zu nehmen. Horst war einer Meinung mit mir über die Führe: Einstieg über einen Felspfeiler, darüber eine Eiswand, dann ein Eislabyrinth, das unter die zweitausend Meter hohe Gipfelwand hineinleitet.

Im Basislager glaubte man natürlich, wir hätten uns abgesprochen, als Wolfi beim nächsten Funkgespräch unseren Plan guthieß. Horst indessen hatte das Gefühl, die Zeit habe uns nicht ausgereicht, die Logik unserer Route zu unterbauen. Deshalb setzten wir den Aufstieg über den Gletscher fort. Lange Stunden verbrachten wir am Wandfuß und stellten weitere Beobachtungen zu unserer Aufstiegsroute an, bis wir sahen, was Intuition uns bisher nur undeutlich zu erkennen gegeben hatte: es gab nur den einen sicheren Weg zum Gipfel!

Im nächsten Funkgespräch gelang es uns, klar und überzeugend die Sicherheit der Route und ihre Logik zu schildern.

Aber am Ende dieses Gesprächs geschah etwas, das in uns nicht nur Schrecken auslöste, sondern eine Art von Betäubung.

»Eine Lawine!« schrie Horst, »links überm Eisbruch!«

»Diesmal trifft es unsere geplante Querung in der Wandmitte!« hörten wir eine Stimme im Gerät. Dann nichts mehr, so laut war das Getöse. Mit hartem Krachen hatte sich die Lawine vom senkrechten Eisbruch gelöst, fiel von Stufe zu Stufe, und beide erschraken wir, als wir sahen, wie Eisschollen, Schnee, Steine und ganze Seractürme von ihren Plätzen gefegt wurden, wie sie von einer Schneestaubhülle umgeben in die Tiefe donnerten und unten vor der walzenden Wolke am Lawinenkegel gerade da auftauchten, wo wir sie am wenigsten vermutet hatten. Mit lärmender Wucht kam die Lawine auf uns zu.

Während Horst durch das Fernglas in die Wand schaute, bewegte er den Kopf hin und her. Er erkannte die Gefahren, mit einer Art Neugier ohne Staunen.

»Die Querung ist gar nicht so gefährdet«, beschwichtigte er am Funkgerät mit singender Aussprache. »es kommt nur darauf an, auch dort die richtige Route zu finden!«

Horst, dessen große Erfahrung mit Eisbrüchen ihn stets auf einen Ausweg hoffen ließ, hielt es für möglich, den Eisbruch und damit die gefährdeten Zonen in einer Rechtsschleife zu umgehen. So hoffte er, gefahrlos in die Gipfelwand zu gelangen. Das war auch

meine Meinung. Den Eisbruch immer im Auge behaltend und die Lawinengänge verfolgend, erforschten wir die Wand Handbreit um Handbreit, die Gipfelzone eingeschlossen. Unsere ins Auge gefaßte Route konnte nirgends von Eislawinen getroffen werden. Sie war sicher.

Am 22. März zog draußen ein trüber, kalter, feuchter Tag herauf. Aber im vorläufigen Basislager ging es lebhaft zu. Urkien sollte, nachdem wir uns alle für die Südflanke des Manaslu entschieden hatten, ins Tal absteigen, um Träger anzuwerben. Das Basislager mußte näher an den Berg verlegt werden.

In der Nacht hatte es geschneit, und so zögerte Urkien mit dem Abmarsch. Beim Frühstück flammte die Diskussion um die Route neu auf: »Ein Rückzug aus der Wandmitte ist bei Neuschnee praktisch unmöglich.«

»Und wer garantiert dafür, daß der Pfeiler den Eisschlag ablenkt?«

»Wir wollen es vorerst nur versuchen, weiter nichts«, widersprach Wolfi allen diesen Einwänden. »Wenn sich die Route dann als zu gefährlich herausstellen sollte, sind wir die ersten, die aufgeben.«

Ich nickte ihm zu.

»Gut, dann sind wir dabei«, sagte Andi für alle.

Ich hatte nicht geglaubt, daß die Entscheidung des Vortrupps so leicht umgeworfen werden könnte.

Am nächsten Morgen stiegen Andi Schlick und ich zum Wandfuß hinauf. Die Sherpas trugen ein Zelt und die nötigen Nahrungsmittel. Wir wollten einige Tage oben bleiben. Andi hatte das vorläufige Basislager in bester Laune verlassen, er pfiff leise vor sich hin und baute ab und zu einen Steinmann. In seinem leichten Klettergewand fühlte er sich unbeschwert, vor allem an den Füßen – er hätte so bis zum Gipfel gehen mögen.

Es war noch sehr früh im Jahr. Die Hänge fingen eben erst an, auszuapern. Die braunen Flecken begannen sich auszubreiten, aber noch überwog das schmutzige Weiß des Schnees. Und fand man unter einem Stein ein Büschel dürres Gras, so war die Erde daneben trocken und braun.

Bis zu zehn Eislawinen pro Stunde fegten oft über den gigantischen Hängegletscher im unteren Wandteil. Es war äußerst schwierig, eine sichere Aufstiegsroute zu finden.

Als Andi an diesem Morgen aufgewacht war, hatte er sich müde auf der harten Matte hin und her gewälzt.

Jetzt aber, jetzt hatte er zu allem Lust! Zum Aufstieg, zum Klettern, zum Erkunden, zum Laufen. Jetzt wollte er plötzlich hinauf, und zwar sofort! Er freute sich über jeden Schritt, den er auf der steinigen Fläche dem Manaslu näher kam.

Wir gingen an Gletschertischen vorbei, sprangen über Wasserläufe, die sich in das Eis eingegraben hatten. Obwohl Andi durstig war, bückte er sich nicht, um zu trinken.

Nur aufsteigen, zum Manaslu aufsteigen . . .

Drei Tage vorher war er zum Erkunden hier gewesen, aber er hatte sich niedergeschlagen und elend gefühlt. Heute sollte das erste Lager aufgebaut werden − und er war glücklich.

Es war Sonntag für ihn, weil ein Traum in Erfüllung ging: der Aufstieg zu einem Achttausender − sein geheimer und großer Wunsch seit vielen Jahren − konnte beginnen.

»Es geht«, sagte er. »Es geht!«

Um einem Achttausender so fröhlich entgegentreten zu können, mußte man sich seiner Sache sehr sicher sein.

Und da waren wir − wir hatten gar nicht gemerkt, wie schnell − am Wandfuß. Wir stiegen einen Schneehang hinauf, auf dem einige Eisschollen lagen, gingen eine Felswand entlang, überquerten eine kleine Terrasse − und blieben unvermittelt stehen.

»Andi, das ist der ideale Lagerplatz.«

»Da bleiben wir«, antwortete er.

Wir stellten ein Zwei-Mann-Zelt unter einen Überhang und trieben mehrere Haken in die Wand, an denen wir unsere Ausrüstung befestigten. Plötzlich schlugen einige Eisbrocken vor uns im Kar ein, zum Greifen nahe. Unwillkürlich duckten wir uns, preßten unsere Körper an die Wand.

Mit einigen Steinquadern hatten wir eine Mauer vor das Vordach des Zeltes gebaut. Und wir empfanden unsere Behausung durchaus nicht niederdrückend. Der Eingang lag zur Wand hin. Drinnen dämmerte es schon. Die Sonne war hinter einer Firnschneide verschwunden. Andi hockte an der Kochstelle und hantierte mit Töpfen und Konservendosen, als hätte er immer da gewohnt.

Hier ließ es sich durchaus leben. Man mußte nur gelegentlich Wasser holen und Benzin nachgießen. Und vielleicht mal die Schaumgummimatten und die Schlafsäcke in die Sonne hängen.

Als ich mit einem Kanister voll Wasser zurückkam, saß Andi auf einem Stein, der niedriger als ein Hocker war. Er hatte sich die Daunenjacke angezogen, von weitem sah er wie aufgeblasen aus. Seine Arme hatte er auf die Knie gestützt – er lachte, als er mich kommen sah. Was immer Andi sonst sein mochte – mutig, ausdauernd, stark, vorsichtig – für uns war er immer fröhlich, ein Mann, der auch uns fröhlich stimmte.

Man hatte ihm geraten, nicht mitzumachen. Lange und ausführlich hatte er sich Monate vor der Abreise mit verschiedenen Leuten besprochen. Er war nicht taub für ihre Argumente, sah ein, daß sie teilweise sogar recht hatten. Aber er konnte seinen Plan nicht einfach vergessen, unausgeführt lassen. Aus bloßen Gründen der Vorsicht konnte er nicht nein sagen. Vielleicht hätte er es später bereut. Schlimmer noch: vielleicht hätte er sich dafür gehaßt . . .

Wir saßen bis zum Dunkelwerden auf unseren Steinen, ohne auch nur im geringsten zu frieren. Die Felswand gab jetzt die während des Tages gespeicherte Wärme ab. Nicht einmal eine Lampe hatten wir angezündet. Das Licht vom Kocher genügte vollauf. Es ließ sich so angenehm dabei erzählen. Wir schlürften heißen Tee und Ovomaltine.

»Wie bei einem Biwak in einer Dolomitenwand komme ich mir hier vor«, meinte Andi.

»Hast du schon oft biwakiert?« fragte ich.

»Einige Male.«

Nach einer Weile fuhr er fort: »In der direkten Nordwand der Großen Zinne damals, unterm Ausstiegskamin. In der Nacht gab es einen fürchterlichen Wettersturz, dreißig Grad unter Null. Wir waren naß und am Morgen bocksteif gefroren. Franz hat dann geführt, die Kamine waren verglast, die Haken lagen alle unterm Eis. Wir haben andere Seilschaften um Hilfe rufen hören, die haben sie dann auch geholt. Wir kamen hinaus, wie, blieb mir selbst ein Rätsel.«

»Ich habe in der Zeitung davon gelesen.«

»Was stand denn drin?«

»Daß sie einige herausgeholt haben.«

»Die Zeitungen schreiben immer nur von Toten oder Rettungen, wenn es um den Berg geht – höchstens noch von Streitereien bei Expeditionen.«

»Alles andere verkauft sich schlecht«, sagte ich.

»Was die über eure Nanga-Parbat-Expedition geschrieben haben!«

»Das ist mir egal«, sagte ich. »Was wissen die schon von einem Achttausender . . .«

Andi befand sich in einigem Zweifel, was seine Zukunft betraf. Immerhin ging er auf die Dreißig zu, ein Alter, in dem man eine gewisse finanzielle Sicherheit und Stetigkeit braucht. Er wußte nicht, sollte er eine Schutzhütte pachten oder sollte er allein Bergführer bleiben. Er war als solcher beliebt und geschickt, hatte neben den vielen Führungstouren eine Reihe der schwierigsten Felstouren in den Alpen wiederholt, einige Erstbegehungen waren ihm gelungen, wie die Nordostwand des Piz Bianco, und seine Wintertouren machten von sich reden. Er besaß den vierkantigen Schädel und den Eigensinn, die für große Unternehmungen oft notwendig sind.

Während des mühseligen Anmarschs hatte er die Leitung des Vortrupps übernommen. Wir von der Nachhut mußten ihn bewundern, wie er mit mehr als neunzig Trägern bis zum Gletscher gekommen war, ohne in ernste Bedrängnis zu geraten. Wenn auch ein großer Drang nach Gipfel und Führung in ihm steckte, so war er doch auch bereit, sich unterzuordnen.

Als wir genug geplaudert hatten, krochen wir ins Zelt. Die Tropfen, die von den überhängenden Felsen auf den Rand des Dachs fielen, ließen mich nicht gleich einschlafen.

Der 25. April begann mit einem ganz klaren Morgen. Andi stapfte hinter mir her, an der Wand entlang aufwärts. Unter einer schwach ausgeprägten Rampe blieben wir stehen: auch hier senkrechte Felsen!

Wir überlegten, aber nur kurz, denn alle anderen Einstiegsmöglichkeiten waren schwieriger. Dann stiegen wir ein.

Die Verhältnisse waren schlecht: Schnee und Eis lagen auf den Platten, in allen Rissen. Nur weil hundert Meter weiter oben ein Band verlief, wirkte der Pfeiler begehbar. Ich kletterte langsam, schlug ab und zu einen Haken. Andi stieg nach und fixierte das Seil mit Reepschnüren oder Karabinern an den Eisenstiften. An diesem Tag bewältigten wir nur zweihundert Meter. Wir erreich-

Andi Schlick im schwierigsten Stück des »Pfeilers«.

ten ein System von Bändern und mühten uns noch hinauf bis unter den überhängenden Pfeilerteil. Am Abend kehrten wir zum Zelt zurück.

Das Donnern der Eislawinen erfüllte den Kessel am Fuß des Manaslu. Sie stürzten zu jeder beliebigen Stunde des Tages. Mit einem harten Krachen lösten sie sich vom Eisfall am Wandfuß oder von den Eisbalkonen an der Westwand des Peak 29. Sie unterbrachen uns immer wieder, während wir bis spät in die Nacht über den extrem schwierigen Mittelteil des Pfeilers diskutierten. »Diese Wand ist eine verrückte Sache, aber deshalb um so interessanter«, sagte ich, bevor wir einschliefen.

Andi und ich hingen anderntags schon dreihundert Meter über dem Einstieg, als unten drei Gestalten auftauchten. Es waren Horst, Franz und Hansjörg, die vom Basislager aufgestiegen waren, um uns Seile, Strickleitern und Haken zu bringen. Sie kletterten über die Fixseile herauf bis unter den überhängenden Wandteil. Dort angekommen, staunten sie nicht wenig, als sie uns über sich klettern sahen. Die Seile hingen frei in der Luft. Ab und zu brach uns ein Stein aus, pfiff an ihnen vorbei und schlug hundert Meter weiter unten an den Bändern auf. So steilen Fels kannten sie nur von den Dolomiten her!

Während Andi einen Kamin versicherte, zog ich eine dreißig Meter lange Strickleiter auf und befestigte sie notdürftig an den vier Haken, die ich oben hatte schlagen können. Sofort wollte Horst über die Leiter aufsteigen, um mir behilflich zu sein. Die Leiter spannte sich, pendelte, drohte zu kippen.

Horst hatte noch nicht die Hälfte erklettert, als die Leiter sich plötzlich drehte. Er hing mit dem Körper waagrecht über dem Abgrund, sein Atem flatterte. Ich befürchtete schon das Schlimmste. »Festhalten!« brüllte ich.

Dreihundert Meter fiel die Wand senkrecht unter uns ab. Horst zog sich an den Armen hoch, schwang die Leiter herum und holte Luft. Als er dann bei mir stand, zitterten seine Hände, so groß war die Anstrengung. Aus diesem Zwischenfall lernten wir und befestigten die Leiter in ihrer ganzen Länge so an der Wand.

Während Andi und Franz am nächsten Vormittag den Pfeiler weiter versichern wollten, hatten Horst und ich den Auftrag, in einem Blitzvorstoß bis über den Pfeiler vorzudringen. Wir sollten die Gangbarkeit des Eisbruchs in der Wandmitte erkunden.

Erkundungsvorstoß

»Wir haben den 26. März 1972.«

Wolfi, unser Leiter, saß auf einem Gneisquader und sprach den Expeditions-Report auf Band.

»Heute sind wir mit zwanzig Trägern und acht Sherpas vom vorläufigen Basislager am Beginn des Thulagi-Gletschers in das endgültige Basislager hereingezogen. Es steht in einer phantastisch wilden Gegend, umgeben von Sechs-, Sieben- und Achttausendern. Wir lagern hier genau im Süden des 8125 Meter hohen Manaslu, unseres Expeditionsziels, und können seinen Gipfel gut sehen. Als wir hier ankamen, sahen wir gerade Reinhold und Horst am Ende des Pfeilers auf das große Plateau aussteigen.«

Bulle stand neben ihm und beobachtete uns mit dem Fernglas.

»Kannst du uns vielleicht schnell deine Eindrücke schildern?« bat ihn Wolfi.

»Ich kann von hier aus sehr gut den unteren Teil unserer Anstiegsroute zum Gipfel des Manaslu erkennen. Zirka zwei Stunden von hier setzt ein 600 Meter hoher Felspfeiler an, der teilweise überhängt. Darin sehe ich ganz undeutlich einige Strickleitern, die von unserer Vorausmannschaft eingehängt wurden. Darüber verliert sich der Pfeiler in etwas gestuftem Gelände und geht nach 300 Metern in ein steiles Eisfeld über. Das Eisfeld und der Pfeiler sind links und rechts von fürchterlich wilden Gletscherbrüchen begrenzt, durch die es keine Aufstiegsmöglichkeit gibt. Auf dem erwähnten Eisfeld sehe ich zwei Punkte langsam höher steigen, es sind wohl Reinhold und Horst, die sich nun in einer Höhe von zirka 5700 Metern langsam nach links wenden, um den Weiterweg durch ein gigantisches Gletscherlabyrinth zu erkunden, das uns dann zum Südwestgrat des Manaslu bringen soll. Vom gewaltigen Gipfelmassiv ziehen jetzt Nebel- und Wolkenschwaden nach unten, die unsere beiden Freunde langsam einzuhüllen beginnen.«

Es war gerade zwei Uhr, Funkzeit, und Wolfi wollte versuchen, das Pfeilerlager zu rufen.

»Pfeilerlager, bitte kommen! − − Pfeilerlager, bitte kommen!«

»Hier Pfeilerlager! – – Hier Pfeilerlager! Bitte kommen!«
»Andi, grüß dich, wir sind gerade im Basislager angekommen und haben Horst und Reinhold oben aussteigen sehen. Kannst du uns sagen, was ihr heute gemacht habt? Bitte kommen!«
»Wir arbeiten seit vier Tagen hier in einem Gelände, das mit der Comici-Führe in der Großen-Zinne-Nordwand zu vergleichen ist; Horst und Reinhold sind heute früh aufgebrochen, um den oberen Teil des Pfeilers und den Ausstieg beziehungsweise den Übergang vom Pfeiler ins Eis zu erkunden. Franz und ich versichern den unteren und den mittleren Teil des Pfeilers mit fixen Seilen und Leitern, damit er für die Sherpas auch bei schlechtem Wetter trotz der Lasten begehbar ist. – Bitte kommen!«
»Habe ausgezeichnet verstanden. Wie lange glaubst du, daß ihr noch braucht, um den Pfeiler endgültig versichert zu haben? Bitte kommen!«
»Ich glaube, wir werden noch zwei bis drei Tage im Pfeiler arbeiten müssen, da der mittlere Teil sehr stark überhängt und wir ihn gut für die Sherpas versichern wollen, damit wir jede Gefahr ausschließen können. Im oberen Teil wird es etwas leichter, dort ziehen Bänder quer durch den Pfeiler, die nur mit Geländerseilen versichert werden müssen. Bitte kommen!«
»Gut, ich denke, das wäre alles für jetzt. Den nächsten Funkkontakt haben wir abends um sieben Uhr, da werden Reinhold und Horst wieder im Pfeilerlager sein. Also, Ende bis sieben Uhr!«
»Ende!«
Am Basislagerplatz herrschte reges Treiben. Wolfi ließ das Lager absichtlich auf dem Gletscher am Toteis errichten. Auf der Moräne bestand Lawinengefahr. Die Sherpas waren noch dabei, ebene Plätze für die Zelte vorzubereiten. Am nächsten Tag sollten wir absteigen, und bis dahin sollte das Basislager endgültig stehen. Es ist sicher einmalig in der Geschichte des Expeditionsbergsteigens, daß das Hauptlager noch nicht fertig war, während die Spitzengruppe bereits eine Höhe von etwa 6000 Metern erreicht hatte.
An diesem glutheißen Mittag kamen die Nebel früher auf als sonst. Eine Stunde lang stiegen Horst und ich wortlos hinterein-

Abstieg im »Pfeiler« an den Fixseilen, die Fankhäuser, Schlick, Jäger und Messner in den ersten Tagen der Expedition angebracht haben.

ander her, geblendet vom starken Sonnenlicht – ein Widerschein vom Nebel und vom Gletscher –, unsere Lungen bedrückt von beklemmendem Sauerstoffmangel. Mit zunehmender Höhe wurde der Nebel dichter, so dicht, daß wir keine zehn Meter weit sahen.

Unser Erkundungsvorstoß schien damit beendet zu sein. Wir setzten uns an den Rand einer Gletscherspalte und warteten. Horst war untröstlich über den vergeblichen Aufstieg. Er kam auf den Einfall, den Durchschlupf weiter oben zu wagen. Ich versuchte, ihm das auszureden.

Vorwärts konnten wir nicht mehr, weil die Route, die wir im Kopf hatten, in einen wilden Gletscherbruch führte. Dieser schien sich im Nebel fortwährend zu verändern.

»Macht nichts«, sagte ich. »Wichtig ist, daß wir beim Abstieg die Orientierung nicht verlieren.«

Immer der Aufstiegsspur vertrauend, stiegen wir unbeirrt abwärts. Als wir endlich aus dem verhexten Nebel heraus waren, blieben wir fasziniert stehen: es war heller, heißer Nachmittag. Plötzlich lösten sich auch die Nebel über uns, wir waren starr vor Staunen. Obwohl vom langen Aufstieg noch erschöpft, hetzten wir zurück zum Gletscherbruch und konnten nun zum erstenmal jenes Eislabyrinth sehen, das uns in den Tagen danach so viele Rätsel aufgeben sollte.

Dicht vor uns, zerrissen von Spalten und Löchern, weiß und flimmrig in der Sonnenglut, lag ein immenser, flacher Gletscherbruch. Er war mehrere Quadratkilometer groß und leicht nach rechts hingeneigt. Zwischen den riesigen Eisquadern häuften sich schmutzige Lawinenkegel. Der von vielen Quer- und Längsspalten zerrissene Gletscherboden war zwischen drei Felswänden eingesperrt. Nur nach Süden, dort, wo wir jetzt standen, war eine Öffnung, durch die er sich hinausschob und in Eiskaskaden ins Tal abfiel. Das ganze Gefüge schien eine eigene Welt zu sein, eine Fläche voller Einsamkeit, von allem Leben unberührt.

Im Gewirr der Eistürme und Spalten, das wir jetzt mit unseren Blicken schweigend durchmaßen, fand sich so leicht kein Durchschlupf.

Lager I, am oberen Ende des »Pfeilers« gelegen. Darüber beginnt der Gletscherbruch, der die erste Kletterstrecke vom »Schmetterlingstal« trennt.

»Verdammt«, sagte Horst. »Dieser Eisbruch ist in jedem Winkel gefährlich.«

Die zerrissene weiße Fläche ließ uns zwar die Mühen des Aufstiegs vergessen, aber unser Auftrieb war zu Ende. Wir stiegen zurück ins Pfeilerlager und gaben einen ersten Rapport.

». . . haben oben Einblick in den großen Gletscherkessel gehabt. Ehrlich gesagt, sind wir dabei etwas erschrocken, weil wir so etwas an Ausmaß und Wildheit noch niemals gesehen hatten. Trotzdem sind wir zuversichtlich und rechnen, innerhalb von drei bis vier Tagen diesen Gletscherkessel durchqueren zu können, einen sicheren Weg zu finden, um dann über den Südwestgrat relativ einfach den Gipfel zu erreichen. Bitte kommen!«

»Hoffen wir, daß sich da oben doch noch ein Weg durchfinden wird!« antwortete Wolfi. »Benötigt ihr noch irgendwelches Material, das wir ins Pfeilerlager hinaufschicken sollen?«

»Ja, der Pfeiler muß noch weiter versichert werden. Er ist schwieriger als die schwierigsten Stellen an der Rupalwand am Nanga Parbat. Auch oben im Gletscherbruch werden wir teilweise Seilverankerungen anbringen müssen. Vor allem brauchen wir oben Bambusstangen, um den Weg zu markieren. Es war heute ein Zufall − vielleicht ist es auch dem Umstand zu verdanken, daß Horst ausgezeichnet in Form ist −, daß wir ohne Zwischenlager von 5700 Meter bis in 6000 Meter vordringen konnten. Wir haben so eine Stufe übersprungen, das heißt vier bis fünf Tage gewonnen. Bitte kommen!«

»Sehr erfreulich! − Wir werden das notwendige Material sofort durch die Sherpas besorgen lassen und es euch in den nächsten Tagen hinaufschicken, damit ihr ohne Unterbrechung weiterarbeiten könnt. Habt ihr sonst noch irgendwelche Wünsche?«

»Ja, wir sind seit einem Tag ohne Zucker, und Zucker ist hier sehr wichtig. Was wir noch gern hätten, ist Obst. Obstkonserven essen wir auch dann noch, wenn wir sehr, sehr müde sind und keiner Lust zum Kochen hat. Sonst haben wir vorläufig keine Wünsche. Nächste Funkzeit morgen um acht Uhr früh. Ende.«

»Habe verstanden. Nächste Funkzeit um acht Uhr. Der Josl will euch noch den Witz des Tages erzählen.«

Die Manaslu-Südwand oberhalb von Lager I. Links der zerklüftete und gefährliche Eisbruch.

»Gute Idee. Das Klima ist hier ja nicht gerade witzig. Fast ununterbrochen gehen links und rechts von uns Eislawinen nieder. Wir sind sie jetzt zwar schon gewohnt, trotzdem schrecken sie uns aus dem Schlaf. Auch beim Klettern lassen sie uns immer wieder zusammenzucken.«

»Ihr werdet euch mal so daran gewöhnen, daß sie euch in den Schlaf singen. Also, Josl.«

»Grüß dich, Reinhold, kennst du den schon: Zwei Flöhe kommen aus dem Kino, der eine sagt zum anderen: Du, was machen wir, gehn wir zu Fuß oder nehmen wir uns einen Hund?«

(Allgemeines Gelächter im Pfeilerlager).

»Apropos Hund, Josl, wie geht es unserem Hund, dem Karl-Maria im Basislager? Bitte kommen!«

»Ausgezeichnet. Er hat sich inzwischen so an uns gewöhnt, daß er richtiggehend heult, wenn wir uns vom Zelt entfernen. Schlaft gut, Ende!«

Seit Pokhara war uns ein netter, kleiner, schwarzer Köter nachgelaufen, eine Mischung von allen möglichen Rassen. Wir tauften ihn schließlich Karl-Maria, und er hatte den Auftrag, das Basislager zu hüten. Anfangs wurde er von einem Großteil der Mannschaft kaum geduldet − er war voller Krätze und Flöhe. Bulle aber, unser Expeditionsarzt, stellte ihn unter seinen Schutz. Er drohte jedem »Hundefeind« mit besonders großen Spritzen. In kürzester Zeit wurde Karl-Maria der Liebling aller Sahibs und Sherpas.

Der Gletscherbruch in der Wandmitte, Anzeichen für neue Gefahren, brach der Expedition in keiner Weise den Schwung.

Während wir anderntags alle vom Pfeilerlager ins Hauptlager abstiegen, um uns zu erholen, diskutierten wir darüber, wie wir beim nächsten Aufstieg taktisch am besten vorgehen, wie wir das Eislabyrinth am besten durchqueren könnten. Wir empfanden es nicht als ein unüberwindliches, uns im Weg liegendes Hindernis, sondern als ein Rätsel, das es zu lösen galt.

Preiswatten im Basislager

Als wir den letzten Eishang zum Basislager hinaufbalancierten, sah ich oben die Gestalt Hansjörgs auftauchen. Sein schmaler, braungebrannter Körper glänzte in der Sonne, sein Gesicht strahlte. Auf dem Kopf saß, nachlässig wie immer, eine Art Sonnenhut. Die Krempe war nach unten gebogen, die obere Spitze hatte eine Delle.

Mit der Hand strich er sich den blonden Haarschopf aus der Stirn und begrüßte uns mit einem lauten: »Hallo, Fans!« Die krumme Feder, die vorn am Hut steckte, und die zusammengekniffenen Augen verliehen ihm den Ausdruck eines Wilderers. Franz und er zwinkerten einander zu wie verschworene Lausbuben. Sie waren gute Freunde.

Über Schotter und Steine führte uns Hansjörg zum Eßzelt, wo Wolfi auf uns wartete.

»Wie geht's euch?« fragte ich.

»Blendend. Und wie gefällt dir unser Basislager?«

»Nicht übel!«

»Na«, sagte Wolfi, »das hat allerhand gebraucht mit diesem Gesindel.«

»Du machst das immer ausgezeichnet, Bara Sahib!« lobte ihn der neben mir stehende Andi.

»Erzähl, wie waren die Träger?« Wir saßen im Zelt und tranken Tee und Raksi.

Hansjörg Hochfilzer

41

»Tagelang packten wir im vorläufigen Basislager Lasten zusammen, Bulle brachte Ordnung in die Medizinkisten. Erst vor zwei Tagen kamen die ersten Träger aus dem Tal. Dreizehn waren es, darunter zwei Tibeter. Sie wollten nicht tragen, weil sie kein Schuhwerk hatten. Auch mit dem Lohn waren sie nicht einverstanden. Sie feilschten um jede Rupie, und als wir hart blieben, begannen sie zusammenzupacken. Sie wollten wieder ins Tal absteigen, jedenfalls taten sie so, als ob.«

Ein Raunen ging durch die Reihe.

»Ja, ohne Lohn wollten sie absteigen — Zeit spielt für sie keine Rolle. Was blieb uns anderes übrig? — wir zahlten fünf Rupien mehr. Am Abend traf dann Urkien ein. Er brachte fünf Liter Raksi mit, und das hob die Stimmung. Gestern marschierten wir bis hierher. Wir hatten manchen Trägern mehr als dreißig Kilo aufgeladen. Sie schimpften. Hier im Basislager meuterten sie, nur mit Mühe konnte Urkien sie beruhigen.«

Als Urkien verstand, daß wir über ihn und die Träger sprachen, gab er uns recht: »These people are not good.«

»Einem der Sherpas ist auf der Moräne ein Steinklotz aufs Bein gerutscht«, erzählte Wolfi weiter.

Alle schauten wir Bulle fragend an.

»Er wird ausfallen, wenigstens in den nächsten Wochen«, meinte unser Arzt.

Dann zogen wir uns um, und als ich zum Abendessen ins große Zelt kam, war nur Hansjörg da.

»Ihr habt heute gute Arbeit geleistet«, sagte ich, »die Zeltplätze sind tadellos.«

»Nicht einfach hier auf diesem Steinhaufen.«

»Darauf wollen wir einen trinken.«

Ich reichte ihm den Plastikkanister mit Raksi, der auf einer der Aluminiumkisten stand.

»Es heißt doch, daß das schlecht ist. In Büchern steht, man soll bei Expeditionen allen Alkohol vermeiden. Wir sollten nicht trinken.«

Nach diesem Trinkspruch tat er einen kräftigen Schluck und reichte mir den Kanister. Der Raksi trank sich leicht, sein herber Geschmack tat gut nach so vielen Arbeitstagen.

Besonders mochte ich an Hansjörg seinen trockenen Humor. Seit sieben Jahren schon war er Bergführer, ein erfahrener Fuchs

Das Basislager am Thulagi-Gletscher mit der Manaslu-Südwand. Hier blieb die Expedition 5 Wochen lang.

also, vor allem aber ein liebenswürdiger Kamerad. Ich mochte ihn am liebsten von allen.

An diesem Abend habe ich mir wieder aus seinem Leben erzählen lassen: In seiner Schulzeit hatte er eine Menge Raufereien angezettelt und wurde nicht selten verprügelt. Am Kopf hatte er sechs Narben − von sechs verschiedenen Unfällen −, die ihm eine nach der anderen einen verwegeneren Ausdruck verliehen. Er überlebte einen furchtbaren Autounfall und zwei Motorradunfälle, einen Sturz aus der Rittlerkante im Wilden Kaiser und einige Schädelbrüche. Den Bauernhof, den er vom Vater hätte übernehmen sollen, lehnte er ab. Hansjörg wurde Bergführer. Er lernte die französischen Alpen ebensogut kennen wie die der Schweiz und ist heute einer der besten Felskletterer Tirols, macht jedoch wenig Aufsehen wegen seiner Touren. Er lehnte auch mehrere fixe Stellen, die man ihm anbot, ab und lebte weiter von der Bergführerei.

Obgleich er als Zweijähriger schon dreimal ins Futterloch gefallen war, wuchs seine Abenteuerlust mit zunehmendem Alter, so daß es den Vater nicht verwunderte, als er den Zwölfjährigen bewußtlos in einem fünf Meter tiefen Graben fand. Hansjörg war von der Latrine abgestürzt. Ein Jahr später warf ihn sein Haflinger ab. Mit Schädelbasisbruch und eingeschlagenen Zähnen kroch er nach Hause, ohne die Lebensgefahr zu begreifen, in der er schwebte.

Sein Vater bewirtschaftete damals einen Bauernhof in Neu-Sölden, unmittelbar unter den Wänden des Wilden Kaisers; sein Onkel Hermann Strobel, Wirt der Gaudeamushütte und Erstbegeher schwierigster Kaisertouren, wurde einer seiner Lehrmeister. Hansjörg ist heute einer der wenigen, die den Schmuckkamin an der Fleischbank, die direkte Lalidererspitze-Nordwand und die Nordwand der Kleinen Zinne durchklettert haben. Im Film »Da lacht Tirol« spielten er und Franz die Hauptrollen. Vier Monate lang dauerten die Dreharbeiten unter der Regie des Klettergenies Lothar Brandler, und in diesen Wochen, davon bin ich überzeugt, lachte Tirol wirklich.

Von draußen hörten wir Stimmen − die anderen kamen zum Essen.

»Dem Bara Sahib habe ich heute einen spitzen Stein unter den Zeltboden gelegt, so in der Gegend vom Hintern«, flüsterte mir Hansjörg noch zu, und als Wolfi eintrat, rief er laut:

»Gut geschlafen?«

»Was heißt hier geschlafen, gearbeitet haben wir!« antwortete unser Chef. Daraufhin Hansjörg: »Dann wünsche ich eine angenehme Nacht!«

Das abendliche Festessen mit Yakfleisch und Raksi war ausgezeichnet. Das Vieh war zwar zäh, aber es schmeckte.

Das Hauptlager war damals noch eine halbfertige Stadt von neun Zelten und einer Küche aus Stein und Holz. Es stand am Ufer des Toten Gletschers, umgeben von mannshohen Steinmännern, die, aus unregelmäßigen Gneisquadern gebaut, dastanden wie die Überreste einer prähistorischen Burg. Alles war noch neu und ungewohnt, die Verständigung mit den Sherpas lückenhaft, und viele Dinge hatten deshalb keinen allgemeinverständlichen Namen. Wollte man irgend etwas haben, so mußte man es selbst suchen.

Allmorgendlich um halb neun kam der zerlumpte Küchenjunge in die Nähe des Eßzeltes, schlug mit dem Löffel gegen einen Deckel aus Blech und lud mit lauten Getöse zum Frühstück ein. Meist aßen wir Zwieback mit Marmelade, manchmal Chapatis, Wurst und Käse. Der Küchenjunge bediente uns. Mit seinem starren Blick und den Affenfingern sah er einer modernen Plastik ähnlicher als einem Nepalesen.

Er stellte eine große Kanne Tee auf die Aluminiumkisten, die als Tisch in der Mitte des Zeltes aneinandergereiht standen. Wir saßen auf Plastikcontainern. Sie waren niedriger als eine Gartenbank. Oft aßen und unterhielten wir uns bis zur Mittagszeit. Der Küchenjunge räumte inzwischen den Tisch ab und holte Wasser vom nächsten Gletschersee. Zwischendurch lernte er mit dem Koch Englisch.

Die Küche war primitiv. Abgesehen von einer Unmenge von Dosen, Pfannen, Trichtern, Löffeln und Sieben bestand sie aus zwei Kochstellen, vier Mauern aus mannshoch aufgeschichteten Steinen und einer Plane, die die Sherpas mit krummen Holzstangen darübergespannt hatten. An warmen Tagen rann ein kleiner Bach quer über den steinigen Boden, ein natürlicher Abfluß.

»Kitchenboy!« riefen wir, wenn wir etwas vom Küchenjungen wollten. »Kitchenboy«, und schon kam er angewackelt wie eine Ente, immer ein hilfsbereites Lächeln im Gesicht.

Einmal bestellten wir Wurst, Senf, Brot und Essig – eine Zwischenmahlzeit. Unser Küchenjunge nickte und verschwand im Küchenzelt. Eine halbe Stunde später brachte er alles, aber miteinander vermischt und gebraten.

Zwischendurch gab es auch viel Arbeit. Wir schrieben Briefe, verfaßten Berichte, sortierten Material. Horst kümmerte sich um die Werbeaufnahmen. Bulle mußte sich dazu in langen weißen Unterhosen in Pose stellen (»der weiße Riese« hörte ich irgendwen sagen). Auch für die Bierreklame war er der geeignete Typ, was ihn weiter nicht störte.

Der Lastentransport zum Wandfuß lief weiter. Tag für Tag mar-

Auf dem Weg zum Basislager. Die Träger schleppen ca. 30 kg. Die schweren Lasten tragen sie mit einem Riemen über dem Kopf.

Rastpause beim Anmarsch. Dr. Ölz, Reinhold Messner und der Expeditionsleiter Nairz (von rechts nach links).

schierten die Sherpas mit schweren Rucksäcken zum Pfeilerlager, bis sie Ende März eine böse Überraschung erlebten. Sie erschraken dermaßen über das Donnern einer Eislawine, die vom linken Eisbruch niederging, daß sie die Nerven verloren, die Lasten abwarfen, liegen ließen und flüchteten. Der Schreck bewog sie dann für den Rest der Expedition, die rechte Moräne als Aufstieg zu benutzen, wie wir es ihnen Tage vorher aufgetragen hatten.

Da das Wetter gut war, wurde es auch für uns wieder Zeit, in die Wand zu gehen. Doch mit dem Nachmittag, an dem Wolfi Sahibs und Sherpas rief, damit er ihnen den weiteren Angriffsplan vortragen konnte, wurde das Wetter schlecht.

Die verschneiten Zelte füllten sich nach und nach mit den verschiedensten Büchern und unwahrscheinlichen Gerüchen. Wir schliefen, ratschten und träumten. Im Eßzelt wurde »gewattet«. Oft wurden dabei die Grenzen des Erträglichen bei weitem überschritten. So kam es, daß die Mannschaft zu guter Letzt in ein Preiswatten verwickelt wurde, aus dem Horst und eigenartigerweise auch ich als Sieger hervorgingen. Daraufhin schworen wir beide, für drei Wochen keine Herausforderung mehr anzunehmen. (Für Anti-Kartenspieler: Watten ist eine bei Bergsteigern besonders beliebte Art, die Zeit totzuschlagen.)

Während wir an den Abenden zusammensaßen, machte ich mir manchmal wegen der Verzögerung durch das schlechte Wetter große Sorgen. Dazu kam das Unbehagen, immer in derselben Lage sitzen zu müssen und kalte Füße zu haben. Wenn der Küchenboy dann dampfende Kessel ins Eßzelt brachte, die einen würzigen Geruch verbreiteten, spürte ich, daß ich dieses Leben im Basislager trotzdem bejahte. Es war Erholung.

Wolfi berichtete von daheim, er hatte eben Post bekommen.

»Wißt ihr, was die Leute so reden?« sagte er lachend. »Wir würden gar nicht fahren!«

»Laß sie reden«, sagte Franz, der in der Ecke gegenüber der Tür saß. »Wir wissen ja, daß es nicht stimmt.«

Schon seit mehr als einem Monat war der erste Trupp unterwegs: Wolfi und seine vier Freunde, Franz, Andi, Hans und Hansjörg. Sie waren jung und angelockt vom Abenteuer. Sie hatten von ihren Frauen Abschied genommen und waren auf dem Weg zum Manaslu, für dessen Besteigung ihnen niemand eine Gage ver-

Bildunterschriften für folgenden Farbteil

Im Frühjahr 1972 brach Reinhold Messner zu seiner zweiten Achttausender-Expedition auf. Er war Mitglied einer österreichischen Bergsteigergruppe, die Wolfgang Nairz führte. In knapp zehn Tagen marschierten die Kletterer mit ihren Trägern von Pokhara (Bild 1) in ein vorläufiges Basislager am unteren Rand des Thulagi-Gletschers (Bild 2).

Die Mannschaft (Bild 3) von links nach rechts: Josl Knoll, Dr. Oswald Ölz, Andi Schlick, Hansjörg Hochfilzer, Horst Fankhauser, Hans Hofer, Wolfgang Nairz, Franz Jäger, hier fotografiert von Reinhold Messner, verlegte das Basislager später auf den Thulagi-Gletscher (Bild 5) unter die Westwand des Peak 29. Von dort begann sie den Aufstieg (Bild 4) in die unerforschte Manaslu-Südwand.

Das Basislager (Bild 6) bestand aus einem halben Dutzend Zelten, einer Küche und einem Materialdepot. Viertausend Meter betrug der Höhenunterschied von hier bis zum Gipfel. Das gefährlichste Stück des Weges dorthin war der Gletscher bis zum Fuß der Steilwand, der immer wieder von Eislawinen bestrichen wurde. Das schwierigste Stück war der Felspfeiler in der unteren Wandhälfte, der die einzige sichere Aufstiegsmöglichkeit bis in das große Gletschertal in der Wandmitte darstellte. 1972 war die Südwand des Manaslu so unbekannt und schwierig, daß keine andere Bergsteigergruppe an einen Besteigungsversuch dachte. Die jungen Tiroler unter Wolfgang Nairz und mit Reinhold Messner an der Spitze gingen eines der großen Bergsteigerprobleme der siebziger Jahre an, ohne zu wissen, was sie alles an Gefahren und Schwierigkeiten erwartete. Es sollte ein hartes und tragisches Abenteuer werden.

1△

2▽

3 △   4 ▽   5 ▷   6 ▷ ▷

Alte Frau am Wegrand
von Pokhara

sprochen hatte. Alle waren Bergführer von Beruf, jetzt aber waren sie als Amateure unterwegs, trotzdem entschlossen, alt zu sterben.

Die Zollangelegenheiten in Kathmandu hatte Wolfi an einem Tag bewältigt und damit einen Rekord beim Auslösen von Expeditionsgepäck aufgestellt. Wenige Tage später schickte er seine Freunde und die Sherpas per Flugzeug voraus nach Pokhara, von wo der Anmarsch zum Basislager beginnen sollte. Er selbst wartete auf die Nachhut, mit der ich Mitte März in der Hauptstadt Nepals eintraf.

Andi übernahm die Führung der ersten Gruppe. Die 2700 kg Gepäck wurden auf neunzig Träger verteilt, die persönlichen Sachen trugen die Sahibs selbst.

Die Trägerkolonne marschierte von Pokhara über steile Pfade, über Pässe und Berge ins Marsyandi-Tal, dann durch dieses bis zum Eingang ins Dona Khola, das zur Südseite des Manaslu führt. Nach Andis Überlegung bestand in diesem Tal die einzige Möglichkeit, an den Südfuß des Manaslu zu gelangen. Deshalb versah er Franz, Hansjörg und Hans in Naje mit Buschmessern

Kind im letzten
Dorf Naje

und Beilen und beauftragte sie, diese Schlucht zu erkunden und
eventuell gangbar zu machen.
Während des ersten Tages stießen die drei auf kein nennenswer-
tes Hindernis. Sie marschierten auf einem Pfad steil bergwärts.
An der Stelle, wo eine Lichtung nach hinten lockte, betraten sie
auf einem kaum erkennbaren Steig den Urwald. Dann sahen sie
viele Stunden lang keinen Sonnenstrahl, so dicht war das Gehölz.
Der Erdboden war weich und feucht, der Pflanzenwuchs wurde
immer dichter und heimtückischer. Sie markierten den Pfad, in-
dem sie in regelmäßigen Abständen Rindenstücke von den Bäumen hackten. Weiter drinnen kletterten sie über steile Leitern
und Felsen und versicherten den Weg für die schwer beladenen
Träger. Drei Tage lang brauchten sie von Naje bis ins vorläufige
Basislager am unteren Ende des Thulagi-Gletschers. Dort warteten sie auf uns. Wir kamen früher, als sie dachten.
Wolfi hatte unseren Weitermarsch in Kathmandu schon vorbe-

reitet. Wir hatten uns für den Anmarsch keine bestimmten Tagesetappen vorgenommen und achteten lediglich darauf, den Postläufer nicht zu verpassen. Der Vortrupp hatte uns versprochen, ihn uns entgegenzuschicken, sobald er am Ziel wäre.

Das Marsyandi-Tal windet sich zwischen Felswänden und steilen Hängen von Südwesten nach Nordosten. Obwohl die Berge ganz nahe waren, sah man sie nicht, so tief ist das Tal. Das Wasser des Marsyandi-Flusses war milchig-grau und verriet die Schneeschmelze oben auf den Gletschern. In den ersten Vormittagsstunden erst tasteten sich die Sonnenstrahlen den rechten Talhang herab, überall konnte ich jetzt Siedlungen erkennen. Je weiter wir hinaufkamen, desto grüner waren die Felder, die Hütten geräumiger, und der Schmuck der Frauen wies auf größeren Reichtum hin.

Unterwegs trafen wir einen deutschen Geographen, der uns erzählte, daß vier Japaner mit hundert Trägern oben im Dona Khola säßen. Wir mußten lachen. Er meinte natürlich unsere Freunde. Da der Manaslu früher fast ausschließlich von japanischen Expeditionen belagert wurde, hielten die Einheimischen uns offenbar ebenfalls für Bergsteiger aus dem Land der aufgehenden Sonne.

Die Hälfte des Weges gingen wir meist gemeinsam, die andere Hälfte vereinzelt, an den Abenden trafen wir uns dann wieder. Unsere Beine waren von Insektenstichen entstellt, die Wasserblasen an den Füßen platzten. Obwohl wir die Hitze und die langen Märsche nicht gewohnt waren, hielten wir den Anmarsch doch besser aus als die Träger und hatten die meiste Zeit Freude am Weg.

Nach vier Tagen erreichten wir den Eingang zum Dona Khola. Durch diese wilde Schlucht hofften wir, an die Südseite des Manaslu zu gelangen.

Am nächsten Morgen, nach kaum einer Stunde Marsch, erblickten wir endlich die Westflanke »unseres« Berges. Von der Anhöhe Naje aus betrachteten wir die gewaltigen Wände und Grate des in den Himmel aufsteigenden Eisriesen. Doch über seinen Aufbau wurden wir uns nicht klar.

Am Abend, nach stundenlangen Irrwegen durch Dschungel, lagerten wir am Rand eines steinigen Baches, dessen Wasser vom Eis des Manaslu-Massivs gespeist wurde. Wir waren jetzt weit

Dr. Oswald Ölz

entfernt von der letzten Siedlung der Tibeter und Nepalesen.
Und nochmals vierundzwanzig Stunden später holten wir unsere
Kameraden im vorläufigen Basislager ein.

Inzwischen waren zehn Tage vergangen. Wir saßen im endgültigen Basislager und sangen. Franz spielte auf der Gitarre. Die
Raksi-Flasche machte die Runde.
Mir gegenüber saß Bulle und erzählte von seiner Hochzeitsreise
nach Bhutan. Man konnte glauben, er stamme aus der Zeit der
großen Abenteurer. Sein schwarzes Kraushaar war dicht verfilzt,
die Nase verbrannt, das Gesicht bronzefarben. Er sah aus, als kä-
me er eben aus dem Dschungel.
Für uns aber zählte nicht sein Aussehen, sondern sein Wesen. Er
war meist still und in sich gekehrt, hatte aber für jeden Zeit und
wußte immer Rat. Eigentlich heißt er Oswald, Dr. Oswald Ölz –
Internist in Zürich, Vorarlberger, extremer Kletterer. Sein Spitz-
name sagt wenig über ihn aus. Bulle war zwar stark und groß,
doch sein Gesicht mit dem vollen Bart und den lustigen, leicht
nach oben gezogenen Brauen strahlte Ruhe und Güte aus.
Im Rätikon kannte er fast alle schwierigen Touren; schon als
Kind hatte ihn die Mutter dorthin mitgenommen. Anfangs hatte
sie ihn am Hosenträger festgehalten. Als er dreizehn war, unternahm er selbständige Touren und verglich später seine Erfolge
mit denen, die Toni Hiebeler im gleichen Alter zu verbuchen hatte. Während der Studienjahre in Innsbruck gelangen ihm die direkte Nordwand der Laliderspitze und schwierigste Dolomi-
tentouren. Sein Abenteuer am Mount Kenya in Ostafrika ging
durch die Weltpresse.

Mit seinem Freund Gert Judmaier hatte Bulle den Gipfel erreicht; beim Abstieg stürzte Gert, Bulle konnte ihn halten, Gert aber war schwer verletzt. Allein kletterte Bulle ab, lief zur Kami-Hütte, wollte anderntags mit einem Engländer aufsteigen, doch der Versuch scheiterte. Erst am darauffolgenden Tag konnte er mit einem Italiener die Unglücksstelle knapp unter dem Gipfel erreichen. Gert lebte noch. Aber an eine Bergung war nicht zu denken. Zu zweit hätten sie ihn nie heruntergebracht, und die Rettungsmannschaften aus Kenia hatten zu wenig Erfahrung, auch zu wenig Übung für so schwierige Bergungen. Inzwischen versuchte der Hubschrauberpilot Jim Hastings an den Abgestürzten heranzukommen. Beim Einsatz zerschellte der Hubschrauber, Hastings war sofort tot. Es mußte eine Rettungsmannschaft aus Innsbruck kommen, der die Bergung in unglaublicher Schnelligkeit und Präzision gelang. Mehrere Tage hielt Bulle bei seinem Freund oben aus, sprach ihm Mut zu und behandelte ihn. Er, der eine ganze Woche in härtestem Einsatz gewesen war, half den Rettungsmännern noch beim Abseilen seines Freundes.

Einige Wochen später lagen Gert und ich in der Klinik von Innsbruck im selben Zimmer. Bulle kam öfters zu Besuch. Einmal kam Wolfi zur gleichen Zeit. Wir sprachen vom »Kantsch« – und Bulle sagte zu. Wegen des indisch-pakistanischen Krieges erhielten wir jedoch die nötige Genehmigung nicht, und deshalb wichen wir auf den Manaslu aus.

Bulle war der ideale Expeditionsarzt. Nicht nur, weil er Milch für ungesund hielt und ab und zu Raksi oder Chang verordnete, nein, ganz einfach, weil er sich seiner Patienten annahm.

Während man ihm die Beschwerden vortrug, bewegte er aufmerksam seine Pupillen hin und her. Erkannte er die Dinge nicht sofort, untersuchte er seine Patienten gründlich, aber ohne Getue. Dann, gleichgültig, ob der Kranke ein Sherpa, ein Sahib oder ein Träger war, durchforschte er seine Medizinkisten, die unter der Fülle des Inhalts überzulaufen drohten. Gewissenhaft hatte er sich eine Expeditionsapotheke zurechtgemacht, aus der er immer etwas Heilendes hervorzauberte.

An diesem Abend sangen wir bis spät in die Nacht hinein. Erst am anderen Morgen merkten wir, daß zwei Flaschen Rum leer waren.

Es begann ein schöner, kalter Tag, der erste April. Ausgestreckt blieben wir bis zum Sonnenaufgang in den Schlafsäcken liegen, unbekümmert um den Wind, der feinen Schneestaub durch den offenen Zelteingang wehte.

Wir erlebten einen prachtvollen Ostersonntag. Die Sonne schien fast den ganzen Tag. Horst kochte: Rostbraten, weich und fachmännisch gewürzt. Dazu gab es eine Dose Bier für jeden, als Krönung der Osterfreuden. Den ganzen Nachmittag saßen wir beisammen, erzählten, dachten an daheim.

Viele Tage später sollte ich mich im Schneesturm an diesen Ostersonntag im Basislager erinnern.

Die Gebete der Sherpas

Mehrere Tage hatte sich niemand aus dem Hauptlager gewagt. Wir brauchten nur den Neuschnee im Pfeiler zu sehen, um wieder in die Zelte zu kriechen, wo uns der Erzählstoff nie ausging. Die Sherpas schüttelten in den Morgenstunden den Schnee von den Planen ab und schaufelten Steige aus, so daß wir in Turnschuhen zum Frühstück ins Eßzelt kommen konnten. Gleichzeitig brachten sie den Göttern Rauchopfer dar.

Der Manaslu ist ein heiliger Berg. Manasa bedeutet im Sanskrit soviel wie Seele, und Manaslu Sitz der Seele.

Während dichte Rauchschwaden aufstiegen, beteten die Sherpas im Küchenzelt, bei der Arbeit, wo immer sie waren. Einer legte grünes Gestrüpp nach und blies hinein, so daß das Feuer aufloderte. Meist betete Urkien, unser Sherpa-Sirdar, vor. Er und der Großteil der zehn Sherpas, die Wolfi für unsere Expedition verpflichten konnte, stammten aus Khumjung, einem Dorf in der Nähe von Namche Bazar. Dieses wird überragt vom Khumbila, einem ebenfalls heiligen Berg, dem Sitz eines Gottes.

Als wir Urkien trafen, war er Anfang Vierzig. Seine Laufbahn als Hochträger hatte begonnen, als ihn Sir Edmund Hillary 1954 zur Himalaya-Kundfahrt des Neuseeländischen Alpenclubs mitgenommen hatte. Von Anfang an glänzte er als einer der fähigsten Sherpas, im Baruntal und später im Annapurna-Gebiet bestieg er viele Gipfel. Schon damals fielen seine Führereigenschaften, sein Talent zum Heilgehilfen, Diener und Dolmetscher auf. Mit guten Englischkenntnissen und ausgezeichneten Zeugnissen kehrte er in sein Dorf zurück.

1955 engagierte ihn Charles Evans für die Expedition zum Kangchendzönga. Urkien erreichte Lager VI, das auf 8200 m Meereshöhe stand.

Anschließend begleitete er den Kantsch-Bezwinger Norman Hardie auf dessen Erkundungsreise durchs östliche Nepal bis Khumjung.

An wie vielen Expeditionen Urkien dann im ganzen teilgenommen hatte, konnte ich nicht genau in Erfahrung bringen, vielleicht wußte er es selbst nicht genau. Uns hat ihn Erwin Schneider empfohlen, der berühmte Kartograph, mit dem Urkien monatelang durch das Bergland Nepals gezogen war.

Ich liebte es, mir abends im Küchenzelt am Feuer die Füße zu wärmen. Dabei konnte ich beobachten, wie Licht und Schatten der Flammen bizarre Bilder auf Urkiens breites Gesicht malten, wie sie die Narbe auf seiner rechten Wange vertieften. Seine ungemein lebhaften Augen leuchteten auf.

Mit dem eigentümlichen Singsang aus Englisch und Sherpani erzählte er mir dann von der österreichischen Expedition zum Lhotse Shar, vom Sepp-Sahib, vom Rolf-Sahib und schließlich von seinem eigenen, dem zweiten Gipfelvorstoß mit Walter Larcher, der mißlang, weil ein Sauerstoffgerät versagte.

Neben dem Raksi liebten es die Sherpas über alles, Chang zu trinken, das selbstgebraute Bier der Hochtäler. Von jedem Gang ins Tal brachte Urkien kanisterweise Chang mit. Er erzählte dann lustige Geschichten, erlebte und ausgedachte; ich glaube, seine Phantasie ist unbegrenzt. Trotzdem erfuhr ich auf diese Weise vieles über das Leben in Khumjung, wo Urkien elf Kinder hat, wo sein Haus steht, das er sich mit mühsamen Trägerarbeiten zusammengespart hat. Da die Männer des Dorfes oft monatelang mit Expeditionen unterwegs sind, verrichten die Frauen einen großen Teil der Feldarbeit. Sie bauen Reis, Hirse und Kartoffeln an, auch etwas Gemüse; sie treiben die Yaks auf die höhergelegenen Sommeralmen, sie erziehen die Kinder.

Das Dorfleben erhält durch zahlreiche religiöse Feste, die meist von Lamapriestern abgehalten werden, etwas Abwechslung sowie durch die immer tagelang währenden Hochzeiten, Totenfeiern und Geisteraustreibungen. Bei allen diesen Anlässen fließen Chang und Raksi in großen Mengen. Die Sherpas bringen Rauchopfer dar und unterwerfen sich im Gebet dem Willen der Götter.

So war es auch an diesem 3. April. Urkien ließ Reisig auf den großen Steinklotz vor dem Küchenzelt schichten und es anzünden, wie jeden Morgen.

»Manasuli«, betete er laut vor, »Manasuli Manasuli, mach uns stark, laß die Sahibs und uns alles gesund und heil überstehen. Manasuli, Manasuli . . .«

Seine Bitten sollten nicht erhört werden.

URKIEN — der Sirdar

An diesem Nachmittag stiegen Andi, Franz, Horst und ich ins Pfeilerlager auf. Die Zelte dort waren umgeweht und teilweise eingeschneit.

Während wir anderntags am Pfeiler eine Seilbahn installierten, bestiegen Hans, Hansjörg und Josl einen bis dahin namenlosen Fünftausender zum erstenmal. Er liegt unserer Wand unmittelbar gegenüber. Vom Gipfel hatten sie einen einzigartigen Einblick in die Manaslu-Südwand, die sie als erste in ihrer ganzen Länge sahen.

Wir hatten es nach mehreren Stunden verzwickter, beharrlicher Arbeit tatsächlich fertiggebracht, die Seilbahn in Gang zu setzen.

61

Wolfi war glücklich und lobte die moderne Klettertechnik für diese enormen Möglichkeiten. Während die ersten Lasten am Pfeiler aufgezogen wurden, sang man im Basislager und stieß an, um diese beiden ersten Erfolge zu feiern.

Wir zeigten oben den Trägern, wie sie sich an den senkrechten und überhängenden Stellen zu sichern hatten. Sie mußten selbständig an der Seilbahn vorbeiklettern, um oben die Lasten wieder übernehmen zu können. Am späten Nachmittag stiegen Horst und ich bis über den Pfeiler auf, wo wir unter einem Eiswulst ein zweites Hochlager errichteten, Lager I, in 5250 Meter Meereshöhe. Die erste Nacht da oben war kalt und windig.

Draußen vor dem Zelt machte der Biwaksack immer das gleiche seltsame Geräusch, von dem ich erwacht war. Auch Horst hörte es und bewegte sich unruhig hin und her.

»Hast du auch Durst?« fragte ich. Es war schon vier Uhr früh.

»Ja«, sagte er nach einer Weile, »ich koche uns Tee.«

Wir lagen dann wach, bis die Sonne kam.

Da unsere Kleider zum Teil im Basislager zurückgeblieben waren, zogen wir das, was wir am Leib trugen, am Morgen aus und warteten in langen Unterhosen, während der Rest in der Sonne lüftete. Auch den Schlafsack stülpten wir um und legten ihn auf das Zeltdach. Dann überprüften wir alle Zeltverankerungen sorgfältig und sonnten uns zwischendurch auf einem nahen Steinblock.

Wir spannten die Schnüre, schlugen Heringe ein und brachten die Küche in Ordnung, die wir aus Steinen, einem Biwaksack und einigen wenigen Konservendosen vor dem Zelteingang aufgebaut hatten.

Horst bereitete ein Frühstück. Er zündete den Kocher an und nahm dazu nepalesisches Benzin, dann stellte er einen Topf voll Schnee darüber. Es stank und zischte. Der Morgenwind trug Schneestaub mit sich, der Kocher begann zu surren, nach zehn Minuten ganz laut und regelmäßig.

Das Wetter hielt nicht, was es am Morgen versprochen hatte. Bald kamen Nebel und Schneetreiben auf. Alle, die am Pfeiler gearbeitet hatten, stiegen ins Basislager ab. Es war ein abenteuerlicher Anblick, wie die Gestalten entlang der Seile in den grauen Abgrund verschwanden.

Die Zelte von Lager II im Schmetterlingstal.

Horst und ich blieben am Berg. Als ich abends mit Bulle funkte, sagte er nur: »Ich bin sauer und mag nicht recht, oben hätte es mir besser gefallen!«

Erst zwei Tage später zog draußen vor dem Zelt in Lager I wieder ein klarer, windstiller Morgen herauf. Horst, der von einem kleinen Rundgang zurückkam, öffnete den Zelteingang, und die ersten Sonnenstrahlen kamen herein.

»Wie ist das Wetter?«

»Gut.«

»Wieviel Schnee liegt denn?«

»Wenig, fünfzehn Zentimeter vielleicht.«

Daraufhin trat ich ins Freie, urinierte, kroch ins Zelt zurück und las weiter in meinem Buch.

63

Der Hauptteil der Mannschaft, Wolfi, Franz, Bulle, Andi, Hans und Hansjörg, befanden sich wieder in der Wand. Mit den Sherpas bewältigten sie den Lastentransport vom Pfeilerfuß bis hinauf zum Lager I. Anfangs waren sie von der Seilbahn begeistert. Von unten nämlich sah die Anlage unglaublich kühn aus. Bald aber wurde die Arbeit zur Routine.

Die Sherpas luden ihre Lasten an der Talstation der Seilbahn ab. Bulle lud sie in einen Plastikcontainer um. Dieser hing an einem fixen Tragseil. Mit einem weiteren Seil, dem Zugseil, zog der Rest der Mannschaft den Container auf. Das Ganze war in einer Höhe von 5000 Metern sehr kraftraubend. Es sollte sich als vorteilhaft für die Höhenanpassung, die Akklimatisation, erweisen. Vor der Strickleiter hatten die Sherpas richtiggehend Angst. Sie war 30 Meter lang und hing teilweise hinaus ins Leere. Anschließend führte die Route über eine glatte, sehr steile Platte hinauf und durch einen vereisten Kamin zur Bergstation der Seilbahn. Obwohl die Sherpas von uns gelernt hatten, sich selbständig zu sichern, kletterten sie nur zitternd und fast weinend über die Strickleiter. Soweit es ihr fliegender Atem zuließ, beteten sie laut. Vor allem aber wollten sie die Strickleiter nicht mehr hinuntergehen. Deshalb hatten wir ihnen erlaubt, am Ende des Aufzugs ein Zelt aufzustellen, das sogenannte Windenlager. Die vier Sherpas, die den Lastentransport von der Bergstation bis zum Lager I durchführten, verbrachten nun die Nächte dort oben im Windenlager.

Obwohl wir einige der besten Sherpas Nepals engagiert hatten, Sherpas, die 1971 bei der Internationalen Himalaya-Expedition zum Mount Everest dabeigewesen waren, überstiegen die klettertechnischen Schwierigkeiten ihr Leistungsvermögen. Einstimmig behaupteten sie, noch nie im Leben eine solch schwierige Route geklettert zu sein.

Horst und ich waren inzwischen vom Lager I über Felsen und Schneehänge aufgestiegen, um den Weiterweg zu erkunden. Horst hatte ein wachsames Auge auf die Mulden, unter denen er Spalten vermutete. Aufmerksam stapfte er die Strecke zwischen den Eistürmen entlang. Die letzten Meter des Firnhanges über Lager I liefen wir, ohne abzusetzen, und standen dann am Rand des Eislabyrinths. Weit unter uns sahen wir den toten Gletscher,

64

der sich in sanften Wellen hinauszog, sahen unser Hauptlager neben der Randmoräne, sahen alle Zelte. Wegen der grellen Farben waren sie deutlich zu erkennen.

Wir warfen den Rucksack in den Schnee, zogen Klettergürtel und Sitzgürtel an, knoteten eine Prusikschlinge ins Seil.

Horst übernahm im Eisbruch die Führung, ich sicherte ihn. Die Spalten erkannte man jetzt oft nur an hellen Schatten. Unser Weg führte vorbei an Eisschollen, die sich wie Köpfe mit Hüten im gleißenden Licht zu bewegen schienen, während wir uns mit fliegendem Atem durch den Bruch mühten. Nur wenn die Wolken die Sonne verdeckten, traten die Spalten und Eisschollen deutlich hervor.

Wir waren jetzt müde, unsere Bewegungen hatten ihren Schwung verloren. Hinter uns erstreckte sich, soweit man sehen konnte, ein wildes Spaltengewirr. Vor uns lag ein langes, flaches Tal, das zur Gipfelwand hinaufzog. Wir stiegen über viele Rükken, neue Spalten taten sich vor uns auf, wir gingen zwischen Abbrüchen mit plötzlichen Tiefen, über grün schillerndes Eis, schmale Brücken und dann wieder auf schmalem Grat, bis wir darüber hinweg waren.

Über einen abfallenden Hügel, uneben vom Wind, eine neue Ebene, heiß jetzt in der Sonne, bogen wir langsam nach links. Weit hinten im Nebel sahen wir neue Eistürme dunkel vor uns. Darunter entdeckten wir einen günstigen Lagerplatz. Wir drehten um, in der Hoffnung, zwei Tage später hierher zurückzukommen, Lager II errichten zu können.

Absteigend erreichten wir bald das obere Ende des Gletscherbruchs. Er lag im Schatten einer Wolke. Als Horst über den Schatten hinweg mit den Augen die Spur im Glast des leicht ansteigenden Tales zurückverfolgte, flatterten dort zwei Schmetterlinge.

Ein paar Sonnenstrahlen fielen durch einen Spalt zwischen den Wolken. Die Falter warfen im Vorbeifliegen sich flink bewegende Schatten auf den Schnee. Diese Schmetterlinge in fast 6000 Metern Meereshöhe erschienen uns unglaublich. Der Wind mußte sie hergetrieben haben.

Von nun an nannten wir dieses große Gletscherbecken, das in der Mitte der Manaslu-Südwand eingebettet liegt, »Schmetterlingstal«. Es ist einen Kilometer breit und zieht sich sechs Kilo-

Seilschaft beim Aufstieg am Beginn des »Schmetterlingstals«.

meter weit zwischen der Gipfelwand des Manaslu und einem unbenannten Siebentausender hinein bis zum Südwestsattel unseres
Berges.
Über Funk erfuhren wir am Abend, daß unser Verbindungsoffizier abgängig war und daß am nächsten Morgen Franz und Andi
aufsteigen würden. Gleichzeitig gab uns Wolfi den Auftrag, im
Schmetterlingstal so schnell wie möglich ein drittes Hochlager zu
errichten.

Lawinen im Schmetterlingstal

Am 9. April befand sich die gesamte Mannschaft im Pfeiler. Andi und Franz hatten Lager I besetzt, Horst und ich stiegen mit vier Sherpas durch das Schmetterlingstal auf. Wieder konnten wir in dieser Eiswildnis in 5500 Metern Höhe einige bunte Schmetterlinge beobachten.

Zum Umfallen müde, mißmutig und hungrig kamen die vier Sherpas am Lagerplatz an. Sie ließen sich rückwärts in den Schnee fallen und entledigten sich der schweren Rucksäcke. Sie hätten Lager II lieber weiter unten, in der Mitte des Schmetterlingstals gesehen. Aus Gründen der Sicherheit aber hatten Horst und ich einen überhängenden Felsen an der orographisch rechten Seite des Gletscherbeckens angepeilt, in der Hoffnung, unter den Felsdächern mehr Schutz vor Lawinen zu finden.

Der Himmel hatte sich während des frühen Nachmittags mehr und mehr mit grauen Schleiern überzogen. Ehe wir die Sherpas zum Abstieg bewegen konnten, fielen die ersten Graupelkörner. Gerade als wir eine kleine Plattform in den Schnee traten, warfen uns die Hochträger einen Gruß zu und verschwanden bald darauf im Schneetreiben. Die Aufstiegsspur war deutlich zu erkennen, und so zweifelten wir nicht daran, daß sie das erste Hochlager rechtzeitig erreichen würden.

Mit viel Geduld gelang es uns, einige Haken in die Felsen zu schlagen. An diesen und an Bambusstangen, die wir quer im Schnee eingruben, verankerten wir das Zelt. Wir holten unsere Sachen und breiteten sie drinnen aus, krochen in die Schlafsäcke und massierten uns die Zehen. Es war alles in Ordnung, nur draußen war es reichlich stürmisch. Bei Einbruch der Dämmerung hing das Zeltdach bereits schwer über uns, so stark hatte es geschneit.

Auch unten im Pfeiler hatte sich das Wetter in der letzten Stunde sehr stark verschlechtert. Auch dort begann es zu graupeln, und alle kletterten schleunigst ab. Der Fels war jetzt eisig und mit Schnee bedeckt, für die Sherpas war höchste Vorsicht geboten. Sie beherrschten die Abseiltechnik nicht. Bulle hatte sich den

Horst Fankhauser

Anorak zerrissen und sah etwas verwahrlost aus, als er im Pfeilerlager ankam.

Das war ein Schneesturm! Ich hatte noch nie solche Flocken gesehen. Sie waren größer als Kirschblüten, und wenn man einige Meter vom Zelt wegging, konnte man die Felsen nicht mehr sehen.

Seit dem Beginn des Schneesturms hatte Horst all seine Ruhe verloren. Und mit der Ruhe war auch seine Fähigkeit, kühl und besonnen nachzudenken, verschwunden. Er fühlte jetzt nichts mehr als eine große Angst und Zorn darüber, daß wir gerade hier lagerten. Auf das, was nun kam, war er nicht neugierig, nur wütend. Jahrelang hatte er den heftigen Wunsch gehabt, auf Expedition zu gehen, große Höhen zu erreichen. Im Augenblick aber verwünschte er seine Träume.

»Wenn es nicht aufhört, müssen wir hier abhauen. − Wir müssen abhauen, bevor es zu spät ist. − Ich habe genau beobachtet, wie sich der Schnee häuft. In zwei Stunden ist das Zelt völlig eingeschneit.«

»Und wohin willst du gehen?« fragte ich beiläufig.

»Weg von hier, abwärts.«

»Jetzt am Abend, in diesem Schneesturm?«

»Wir müssen das Zelt weiter drüben aufstellen.«

»Wo drüben?«

»Am Gletscherboden.«

»Wo es uns der Wind aus den Händen reißen würde? Und wie möchtest du es befestigen, im grundlosen Pulverschnee?«

Er gab keine Antwort.

»Das einzige, was wir tun können«, begann ich nach einer Weile wieder, »ist hier warten, alles andere wäre Selbstmord.«

»Und wenn von rechts eine Lawine kommt?«

»Dann sind wir unter diesen Felsen am sichersten.«

»Sie kann aber das Zelt eindrücken!«

»Eindrücken vielleicht, mehr nicht.«

»Und was tun wir dann?«

»Ausbuddeln, was sonst? Ich finde, wir sollten es uns hier so bequem wie möglich machen, bis der Schneesturm aufhört.«

»Und wenn er nicht aufhört?«

»Wir können uns nicht von hier fortrühren, bevor das Wetter nicht besser wird. Es hat keinen Zweck, sich von hier fortzurühren!«

Horst öffnete wieder den Reißverschluß am Eingang und sah durch den Schlitz hinaus. Zelthohe Schneehaufen lagen draußen, über die der Sturm fegte. Sofort trieb es eine Handvoll Graupelkörner ins Zeltinnere; zuerst sprangen sie wie kleine Bälle auf die Schlafsäcke, dann rollten sie langsam zwischen die Kleidungsstücke, die wir als zusätzliche Unterlagen auf die Schaumgummimatten am Boden gelegt hatten.

»Alles wird naß«, schimpfte Horst, während er den Reißverschluß wieder zuzog.

Dann lag er eine Weile still da und blickte auf das Dach, das mit einer geschlossenen Reifschicht überzogen war. Ein paar Eiszapfen hingen an der metallenen Firststange. Weit oben am Gipfelgrat heulte der Sturm viel lauter als im Schmetterlingstal. Er übertönte das Trommeln der Graupelkörner auf dem Zeltdach. Unser von großen Überhängen geschütztes Zelt, das mit guten Haken an der Felswand verankert war, schätzte ich jetzt ungemein.

Dicht vor dem Eingang hingen die Seile, Steigeisen, Eisschrauben, Pickel und Klettergürtel. Wie ein einziger Schneeklumpen schaukelten sie an der Wand.

Plötzlich hörte ich lautes Getöse. Horst war gerade draußen, um die Verankerungen zu kontrollieren, und da er gleich wieder ins Zelt zurückkriechen wollte, hatte er den Eingang offengelassen. Das dumpfe Brausen steigerte sich, ich merkte, wie Horst mit riesiger Gewalt auf das Zelt geschleudert wurde, und erschrak. Sofort nahm ich die Taschenlampe und beleuchtete unser Lager,

beleuchtete das Gesicht von Horst. Schnee lag auf allen Daunen-
sachen, klebte an seinen Haaren und am Bart.

In diesem Augenblick piepste das Funkgerät. Ich machte Horst
Platz und kroch ins Freie, um nachzusehen, was passiert war.

Unsere Kameraden saßen bereits seit zwei Stunden im Pfeilerlager. Es schneite sehr stark, sie hatten unten bereits zwanzig Zentimeter Neuschnee. Alle waren besorgt zu erfahren, was oben in
Lager I und bei uns in Lager II vor sich ging. So hofften sie,
Funkkontakt mit den beiden oberen Lagern zu bekommen.

»Hier Pfeilerlager − hier Pfeilerlager, Lager II bitte kommen«,
versuchte Wolfi uns zu rufen.

»Hier Pfeilerlager − hier Pfeilerlager, Lager II bitte kommen.«
Es meldete sich niemand.

»Vielleicht sind wir etwas zu früh dran oder ihre Uhren gehen
nicht ganz richtig«, versuchte Bulle ihn zu beruhigen.

»Wir sind jetzt schon zehn Minuten über der ausgemachten
Funkzeit«, mahnte Andi, und Wolfi piepste wieder.

Jetzt hörten sie etwas.

»Hier Lager II, hier Lager II, Pfeilerlager bitte kommen!«
(Man hörte lautes Brausen im Hintergrund.)

»Hier Pfeilerlager, hier Pfeilerlager, die Verbindung ist schlecht.
Wir hören euch nur mit großem Rauschen. Bitte kommen!«

»Ja, Wolfi, das Rauschen ist ganz natürlich, wir haben hier oben
einen irren Sturm, vor zehn Minuten hat eine Lawine unser Zelt
verschüttet. Reinhold ist draußen, um die Schnüre zu spannen,
die er an Felshaken befestigt hat. Ohne diese Verankerungen
hätte die Lawine das Zelt wohl mitgerissen. Es hat bei uns inzwischen einen halben Meter geschneit, und es tobt ein fürchterli-
cher Sturm. Bitte kommen!«

»Ist euch irgend etwas passiert?«

»Nein, Gott sei Dank. Ich wollte hinausgehen, nachsehen, wieviel es in der Zwischenzeit geschneit hat, ob alles am Zelt in Ordnung ist. In dem Augenblick traf mich ein Schlag und warf mich
aufs Zelt. Leider hatte ich den Eingang hinter mir nicht ver-
schlossen, und so ist eine Riesenmenge Schnee ins Zelt einge-
drungen.«

»Dann seid ihr also beide wohlauf? Bitte kommen!«

»Ja, im großen und ganzen. Nur einen kleinen Haken hat die Sache. Die Lawine hat uns alle Nahrungsmittel mitgerissen oder

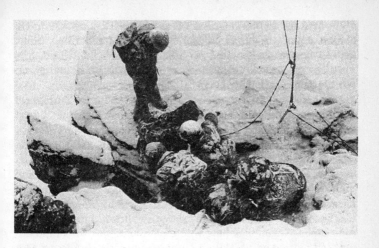

Rückzug bei Schneesturm. In wenigen Minuten sieht das Gelände aus wie die Eiger-Nordwand im Winter.

verschüttet. Wir haben so gut wie nichts mehr zu essen. Wenn sich das Wetter bis morgen nicht bessert, kann die Lage kritisch werden. Momentan geht es uns gut.«

»Wir werden euch, wenn es das Wetter erlaubt, sofort Nahrungsmittel hinaufschicken. Wenn das Wetter aber so bleibt, müßt ihr versuchen, möglichst rasch abzusteigen. Was ist eigentlich mit den vier Sherpas los, die mit euch hinaufgegangen sind? Sind sie bei euch oben geblieben oder sind sie hinuntergegangen? Wir bekommen mit Lager I keinen Kontakt, anscheinend sind die Akkus dort leer, und wir können Lager I nicht empfangen. Bitte kommen!«

»Die Sherpas sind so gegen ein Uhr abgestiegen und müßten das Sherpalager erreicht haben. In bezug auf unseren Abstieg möchte ich noch sagen, daß es für uns unmöglich wäre, durch den Bruch zurückzufinden, wenn wir weniger als sechzig Meter Sicht haben. Wir könnten uns verlaufen und Lager I verfehlen. Hoffen wir, daß morgen das Wetter besser ist. Es war ja bisher immer so, daß es am Morgen einigermaßen schön war und erst an den Nachmittagen Schneetreiben einsetzte. Bitte kommen!«

»Richtig, hoffen wir also, daß das Wetter morgen schön ist. Wir gehen ab sieben Uhr früh jede volle Stunde auf Funkkontakt.

71

Bulle und ich werden mit den notwendigen Medikamenten aufsteigen und nachsehen, ob die Sherpas angekommen sind. Sollte etwas passiert sein, sind wir gleich an Ort und Stelle. Ich wünsche euch, so gut es geht, eine angenehme Nacht. Haltet durch, bis wir morgen um sieben wieder funken. Bitte kommen.«

»Danke für deine frommen Wünsche. Angenehm wird die Nacht wohl kaum. Unsere Schlafsäcke, unsere Daunenwäsche, alles ist voller Schnee und naß. Aber für uns hier oben besteht keine Lebensgefahr. Wir werden uns am Morgen mit einem neuen Lagebericht wieder melden. Bitte kommen!«

»O.K., dann Ende bis morgen um sieben, wir halten die Daumen. Ende.«

Eine halbe Stunde später streifte eine zweite Lawine unser Zelt. Der Lärm, den sie machte, war so laut, daß wir in die Höhe fuhren. Einen Augenblick lang wußte ich nicht, was wir tun könnten. Ich hatte Angst. »Halten«, rief ich implusiv. In diesem Moment hörte die Lawine auf, im Dunkeln zu heulen. Sie warf uns durch ihren Druck im Zelt durcheinander, preßte die Wände zusammen. Nur mit Mühe konnten wir die Stangen von innen her festhalten.

Zehn Tage später erfuhren wir, daß in dieser Nacht an der Nordostseite des Manaslu zehn Sherpas und sechs Sahibs von einer Lawine verschüttet worden waren. Nur einer überlebte.

Eine Expedition aus Südkorea, die von Kim Jung Sup geleitet wurde, hatte den Manaslu über den Normalweg ersteigen wollen. Diese Route war bereits im Jahr 1956 eröffnet und damit der Manaslu erstmals bestiegen worden.

Im Jahr 1952 hatte der Japanische Alpenclub eine Erkundungsexpedition zum Manaslu geschickt mit dem Auftrag, eine sichere Aufstiegsroute ausfindig zu machen. Die Kenntnisse der Japaner über diesen Achttausender beschränkten sich damals auf ein Foto von Tilman. Sie umkreisten den Berg und kamen zu dem Schluß, daß der Gipfel am besten von Nordosten zugänglich sei. Im Frühjahr 1953 kamen sie wieder, aber ihr Angriff scheiterte am großen Plateau in 7550 Metern Meereshöhe. Der Manaslu bekam für die Japaner die gleiche Bedeutung wie der Nanga Parbat für die Deutschen. Im Jahr 1954 verwehrten die Einheimischen einer neuen japanischen Expedition im oberen Buri-Gandanki-Tal den Durchzug. Die Japaner hätten den »heiligen Berg«

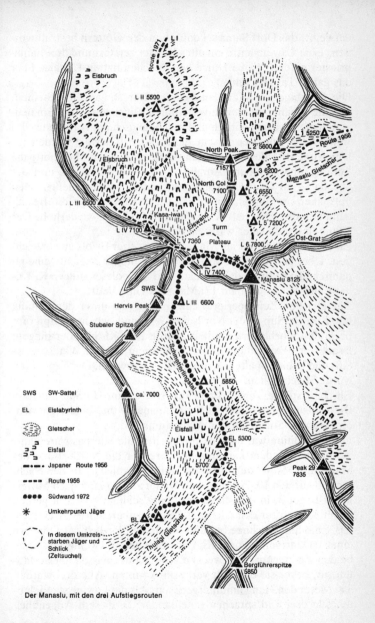

Der Manaslu, mit den drei Aufstiegsrouten

entweiht, das Dorf Sama sei dafür von den Göttern bestraft worden. Eine Lawine hatte ein altes Kloster zerstört und drei Lamapriester getötet; große Dürre und Seuchen hatten Unglück über das ganze Tal gebracht.

Die Gläubigen drohten den fremden Bergsteigern mit Steinen, und die Japaner mußten unverrichteter Dinge abziehen. Ein neuer Versuch wurde politisch und psychologisch gut vorbereitet. Im Jahr 1956 konnte der entscheidende Angriff gewagt werden.

Der Altmeister des japanischen Alpinismus Yuko Maki hatte die Leitung übernommen. Am 9. Mai standen Imanishi und der Sherpa Sirdar Gyaltsen Norbu am Gipfel. Sie hinterließen einen Felshaken am Gipfelzahn. Zwei Tage später wurde die Besteigung von der Seilschaft K. Kato und M. Higeta wiederholt. Der Triumph der Japaner war vollkommen.

Erst im Jahr 1971 war am Manaslu ein zweiter Erfolg zu verzeichnen. Über den äußerst schwierigen Westpfeiler erreichte eine japanische Expedition das Plateau, und über dieses stiegen K. Kohara und M. Tanaka am 17. Mai zum Gipfel auf.

Zur gleichen Zeit operierte eine Expedition unter der Leitung von Kim Ho Sup an der Nordseite. Während sich die Hauptgruppe in den Hochlagern aufhielt, wurde Kim Ki Sup, der jüngere Bruder des Expeditionsleiters, von einem starken Windstoß erfaßt und in eine Spalte geworfen. Er verschwand. Die Expedition wurde abgebrochen.

Ein Jahr später, zugleich mit uns, setzte Kim Ho Sup mit zehn Bergsteigern — darunter auch ein Japaner — und 24 Sherpas neuerdings zum Sturm auf den Manaslu an.

Die Expedition war bestens vorbereitet, die Sherpas waren ausgezeichnet. Zudem kannten die Koreaner die Nordostseite des Manaslu. Das Wetter aber war äußerst schlecht. In der Nacht vom 9. auf den 10. April verließ Kim Yae Sup kurz nach Mitternacht Lager 3, in dem fünfzehn Leute schliefen. Er war gerade dabei, Lasten für den nächsten Tag vorzubereiten — zwei Sherpas schaufelten Schnee beiseite —, als sie plötzlich das Donnern einer Lawine vernahmen. Kim Yae Sup lief, um wenigstens seine beiden Zeltnachbarn zu wecken. Die Schneemassen aber erfaßten sie, bevor sie das Zelt verlassen konnten. Alle drei wurden 800 Meter den Hang hinuntergerissen. Als die Lawine stand, lebten alle drei und sprachen miteinander. In diesem Augenblick kam eine zweite Lawine auf sie zu, Steine und Eistrümmer begruben die beiden im Zelt. Kim Yae Sup wurde vom Luftdruck weggeschleudert. Eineinhalb Stunden später fanden ihn Sherpas, die die Unglücksstelle nach Überlebenden absuchten. Er wurde mit Erfrierungen und Prellungen ins Hospital von Kathmandu geflogen, wo er sich wieder erholte. Alle anderen aus Lager 3 hatten bei dieser Katastrophe den Tod gefunden.

Es war jetzt Nacht, und ich hatte geschlafen. Das Trommeln auf das Zeltdach war nur noch dumpf zu hören, auf der Plane lag viel Schnee; Windböen jagten vorbei und rüttelten am Zeltdach. Der Sturm war oben am Gipfelgrat abgeklungen und fegte, Schnee aufwirbelnd, durchs Schmetterlingstal. Der Schnee lag jetzt metertief.
Ich schlief wieder ein, bis Horst mich weckte. Noch immer heulte der Sturm; draußen war es bereits hell. Als Horst den Zelteingang öffnete, schreckte ihn die eisige Kälte zurück. Er steckte kurz den Kopf hinaus und beschrieb mir mit müdem Gesicht den Sturm und den Manaslu, über dessen Südwand weit oben Schneefahnen wehten.
Da wir nichts mehr zu essen hatten, entschlossen wir uns wohl oder übel für den Abstieg ins Basislager. Über Funk kündigten wir unseren Rückzug an und richteten an alle Lager unter uns die Bitte, jede volle Stunde auf Empfang zu gehen. Im Falle eines Unglücks oder unvorhergesehener Hindernisse hätten wir so von unten Hilfe anfordern können.
Wir verstauten unsere übriggebliebenen Ausrüstungsgegenstände in zwei Rucksäcke, legten diese ins Zelt und stülpten einen Biwaksack darüber. Anschließend ging ich prüfend um den Schneehaufen herum, unter dem unser Zelt begraben lag. Noch einmal kroch ich hinein, um meine Brille zu holen, weil es draußen so sehr blendete. Horst sah inzwischen nach den eisverkrusteten Verankerungen. Der Wind warf neuen Schneestaub an die Felswand. Mit viel Mühe buddelten wir das Außenzelt frei, um es neu zu spannen, dicht und so, daß auch der Zelteingang verdeckt blieb.
Dann seilten wir uns an. Als wir gerade die Rucksäcke aufnehmen wollten, zerriß ein lautes Krachen das Brausen des Windes. Die ganze Südwand des Manaslu geriet in Bewegung. Wir richteten uns auf und starrten hinauf in die Eisflanke, durch die wir

Blick auf das Lager I beim Abstieg vom Lager II.

zwei Wochen später zum Gipfel klettern wollten. Die riesige Lawine nahm die Form einer kriechenden Wolke an, überschlug
sich scheinbar einige Male, zuletzt ganz schnell. Dann glitt sie
herab zum Wandfuß, wo sie sich aufrichtete und über den Gletscherboden auf uns zukam. Einen Augenblick stand sie da wie eine gewaltige graue Mauer. Während sich die Staubwolken langsam auflösten, wandte Horst sich nach mir um und grinste. Er
zeigte hinauf. Jetzt stand der Manaslu wieder in der Sonne; groß,
hoch und unvorstellbar steil.
»Direkt ist die Wand zu gefährlich!« sagte ich.
Horst nickte und begann mit dem Abstieg.
Wir spurten gegen den Wind, der eisig auf den Wagen brannte.
Ich fühlte den Schnee vor den Knien. Der Sturm jagte ihn durch
das Schmetterlingstal. Oft wurde er so dicht, daß es mir schien,
als ginge ich durch Nebel. Und dann, anstatt nach links abzubie-
gen, drehte ich nach rechts. Horst stimmte kopfschüttelnd zu.
Als ich nach zehn Minuten hinabsah, erschrak ich über eine klaf-
fende Spalte, die den ganzen Hang unter uns teilte. Der Wind
wirbelte den Schnee in ihr auf wie in einer Mauerecke.
Und ich merkte – nebenbei nur –, daß der Sturm von Südwesten kam.

76

Das seltsame Verschwinden des Mr. Karki

In diesen Tagen hielt Françoise Steimer, eine Schweizerin, den Funkkontakt vom Basislager zu den einzelnen Hochlagern aufrecht. Sie war wenige Tage vorher bei uns eingetroffen und konnte mit dem Fernglas das Geschehen in der Wand beobachten. Als sie am Morgen des 10. April in die völlig verschneite Wand schaute, bekam sie eine Gänsehaut. Erst als sie uns am späten Vormittag oben am unteren Ende des Eislabyrinths auftauchen sah, war sie beruhigt. Sie hatte in dieser stürmischen Nacht sehr unruhig geschlafen. Schnell ließ sie sich nun vom Koch eine Schüssel mit Wasser bringen, machte sich ein wenig zurecht und ging uns entgegen.

Die Nacht war auch für die Kameraden im Pfeilerlager nicht ganz ohne Sorgen gewesen. Immer wieder hatten sie zum Zelt hinausgeschaut, und es hatte immer noch geschneit. Erst um fünf Uhr früh hatte es aufgeklart. Sie stiegen dann aus Sorge um die Freunde in Lager I über den Pfeiler auf. In der Nacht hatte es einen weiteren halben Meter Neuschnee gegeben — das Gelände war in diesem Zustand äußerst schwierig. Unterwegs hörten sie von Horst per Funk, daß unser Abstieg trotz größter Lawinengefahr vonstatten ging.

Um elf Uhr erreichten sie das Windenlager und konnten mit Erleichterung feststellen, daß alle Sherpas am Vorabend wohlbehalten in ihr Lager zurückgekehrt und wohlauf waren.

Kurze Zeit später kamen ihnen Franz und Andi entgegen; beide staunten über die aufsteigende Rettungsmannschaft.

»Um euch beide haben wir uns große Sorgen gemacht«, erklärte Wolfi, »weil ihr auf unsere Funkversuche nicht geantwortet habt.«

»Bei uns war es in der Nacht so stürmisch, daß das Zelt zwei- bis dreimal fast weggeflogen wäre. Wir hatten Angst und standen auf, um alles neu zu fixieren. Das Funkgerät hat nicht funktioniert; wir hörten euch, auch Lager II, wir konnten aber nicht senden, weil der Akku zu schwach war«, berichtete Franz.

»Das hatten wir schon vermutet. In der nächsten Zeit kann das

Mr. Karki

nicht mehr passieren, der Postläufer hat neu aufgeladene Akkus aus Pokhara mitgebracht. Wie ist es bei euch dann weitergegangen?«

»Am Morgen hat es ziemlich gestürmt, aber nicht mehr geschneit. Wir hofften, daß Horst und Reinhold absteigen würden. So hatten wir es im Funk mitgehört. Wir beschlossen also, auf die beiden zu warten. Etwa um zehn Uhr sahen wir dann aus dem Nebel zwei Gestalten auftauchen. Wir freuten uns sehr, sie wiederzusehen, hatten inzwischen auch schon Teewasser aufgesetzt und konnten ihnen trotz des Sturms lauwarmen Tee anbieten. Gemeinsam beschlossen wir dann, ins Pfeilerlager abzusteigen.«

Im Windenlager trafen wir uns alle und stiegen weiter ins Basislager ab.

Dort begrüßten wir Françoise. Einen Monat vorher hatten wir sie in Kathmandu kennengelernt, und sie hatte damals versprochen, uns im Hauptlager zu besuchen. Keiner von uns hatte diesen so leichtfertig ausgesprochenen Vorsatz ernst genommen, bis dann der Postläufer in den letzten Märztagen eine »European lady« ankündigte. Er habe sie unterwegs überholt und sie wolle zu unserem Basecamp.

Nach dem Eintreffen dieser Nachricht verließ unser Verbindungsoffizier, Mr. Karki, am 31. März auf eigenem Wunsch und in Begleitung von zwei Trägern das Basislager. Er beabsichtigte, von Thonje aus nach Kathmandu zu funken, um der Regierung den derzeitigen Stand der Expedition mitzuteilen.

Am 6. April trafen die beiden Träger wieder im Basislager ein, jedoch ohne Begleitoffizier. Dieser war gemeinsam mit Françoise von Naje aufgestiegen, hatte sie dann jedoch zurückgelassen. Als sie schließlich im Basislager ankam, war Mr. Karki nicht da.

Wolfi schickte die Träger sofort wieder nach Thonje, damit sie nach dem Offizier suchten. Als sie am 11. April wieder bei uns eintrafen, fehlte von ihm nach wie vor jede Spur. Am Abend beratschlagten wir dann gemeinsam − die ganze Geschichte blieb uns ein Rätsel. Wir baten Françoise, uns ihren ganzen Marsch einmal genau zu erzählen. Sie begann:

»Am 26. März bin ich zu meinem Marsch in euer Basislager aufgebrochen. Am 28. März traf ich in Pokhara meinen Träger. Er hieß Choukria und hatte bereits einen Teil der Expedition ins Basislager begleitet. Nachdem ich mich an den Gedanken gewöhnt hatte, mit ihm sieben bis acht Tage in dieser verlassenen Gegend allein zu sein, hatte ich keine Angst mehr. Choukria war gut und mutig, er trug etwa 30 Kilogramm − ich schämte mich ein bißchen, daß ich soviel Gepäck hatte. Aber wenn man die guten Ratschläge aller Freunde befolgt, kommt viel zusammen.

Auf dem Weg von Pokhara ins Begnas-Tal war ich entzückt über die friedlichen, kleinen nepalesischen Dörfer, die Häuschen aus Ästen, die gemütlichen Teehäuser. Im Gegensatz zu Kathmandu war hier alles sauber und appetitlich.

Es war sehr heiß, ich zog meine Shorts an. Als ich allerdings merkte, wie entsetzt mich die Leute ansahen, und als mir eine Nepalesin auf die Schenkel klopfte, nahm ich schnell meine Jeans, schnitt sie ein Stück ab und vertauschte sie gegen die Shorts. Jetzt fühlte ich mich wieder wohler − und mein Träger auch.

Es regnete täglich, und ich wußte, daß wir uns spätestens gegen 15 Uhr nach einem Platz für die Nacht umsehen mußten. In einem der hier typischen Dörfer − die Häuser sind alle am Wegrand aufgereiht − machten wir halt. Wir betraten eine der Hütten. Innen war es stockdunkel, die Familie war um ein kleines Feuer versammelt. Choukria sank nieder, er konnte nicht mehr. Ich gab ihm zu essen, und das stimmte ihn wieder lustig. Kinder umringten uns, ihre braunen Augen lachten uns an. Bei einem entzückenden zehnjährigen Mädchen stellte ich fest, daß es bereits einen Kropf hatte. Das kommt vom jodarmen Wasser und vom schweren Tragen. Eine Mutter brachte mir stolz ihre kleinen Schönheiten. Wie freundlich die Menschen hier sind! Aus dem Radio in der Ecke tönte indische Musik, hier kam mir das eigenartig vor — aus einem anderen Haus hörte ich Gesang und ein Tamburin. Ob ich in diesem überfüllten Raum wohl schlafen konnte, gemeinsam mit all den Hähnen und Hühnern in ihren Bambuskäfigen?

Am nächsten Morgen gingen wir um 6 Uhr weiter, oft barfuß. Einmal fiel ich ins Wasser — wir lachten. Wir kamen durch eine Ebene, die der Monsun in ein Flußbett verwandeln wird. Choukria begann, sich über seinen Geldmangel und die schwere Last zu beklagen. Da wir vereinbart hatten, daß ich ihn erst im Basislager bezahlen würde, gab ich ihm nur etwas zu essen, um ihn ein wenig zu trösten. Er machte Feuer, wir kochten Tee, Brühe und Reis. Wie immer umringten uns bald Dorfbewohner und ihre Kinder. Sie lachten, als ich vor einer Kuh auf die Mauer flüchtete. Die Aussicht von unserem Platz war wundervoll. Wir lagerten auf einem terrassenbesetzten Hügel, ganz unten breitete sich die Ebene aus, die wir durchquert hatten. Doch wir wollten noch weiter nach Khudi.

Abends erreichten wir wieder ein Dorf und bekamen Unterkunft in einem der Häuschen aus Astwerk. Im Licht der letzten Sonnenstrahlen setzte ich mich auf eine Mauer und nähte an meinen Hosen. Ich betrachtete das Kommen und Gehen im Dorf, langsam ließ ich mich von dieser Art zu leben gefangennehmen.

Ich schlief gut. Am nächsten Tag marschierten wir Stunde um Stunde. Wir trafen eine reizende Gruppe von Jungen und ihrem Lehrer. Nur Jungen dürfen hier in die Schule gehen. Der Lehrer riß seinen Mund auf, um mir Zunge, Zähne und Rachen zu zeigen. Ich leuchtete mit der Taschenlampe hinein, fand nichts, bemerkte nur, daß er einen Kropf hatte. All die vielen Kröpfe, die mit etwas Jod im Salz so leicht zu vermeiden wären, stimmten mich traurig.

Wir erreichten Khudi, den Umschlagplatz für Waren aller Art, und kamen schließlich ins Marsyandi-Tal mit seinen Hängebrücken aus Bambusstämmen.

Gegen Abend wurden wir vom Regen überrascht und flüchteten in eine kleine Herberge. Ums Feuer war eine Gruppe Männer versammelt, die rauchten, Raksi tranken und sich laut und angeregt unterhielten. In einer Ecke des Raumes machte ich mich ganz klein. Ich saß auf einem Teppich, den man mir zu Ehren ausgebreitet hatte. Ein junges Mädchen erschien, um sich ihre

Immer wieder brachten Träger frische Nahrungsmittel aus dem Tal.

zerschnittene Hand verbinden zu lassen. Später traf ich zwei junge Leute, die von der anderen Seite des Flusses gekommen waren, um die Kinder des Tales gegen Pocken zu impfen.

Inzwischen hatten wir den 31. März; das Tal wurde eng und steil, weit unten hörte ich den Fluß rauschen, ich hatte Durst und konnte nicht trinken. Die Häuser wurden seltener.

Einmal zeigte mir Choukria das Dorf, wo ihr beim Anmarsch für 80 Rupien eine Ziege gekauft habt, um ein Festessen zu veranstalten. Noch in der Erinnerung leuchteten seine Augen.

Wieder machte Choukria eine Bemerkung, er brauche Geld, um sich Reis zu kaufen. Ich hielt ihm vor, er gebe alles für Zigaretten und für Chang aus. Gleichzeitig schämte ich mich, denn wie reich war ich doch im Vergleich zu ihm. Aber da ich mit ihm allein war, mußte ich ihm die Zähne zeigen.

Wir erreichten ein Dorf, das vor riesigen Steinblöcken ausgebreitet lag. Die Leute schienen mir hier sehr degeneriert zu sein, wahrscheinlich heirateten sie zuviel untereinander.

Am Dorfausgang ging mir Choukria verloren, ich suchte ihn überall – wie hätte ich ohne ihn weiterfinden sollen? Schließlich entdeckte ich ihn auf der anderen Seite einer Hängebrücke, wo er im Schatten eines Steines schlief.

Allmählich kam mir der Marsch doch unendlich lang vor, zum erstenmal sehnte ich mich danach, bald im Basislager zu sein. Die Nächte wurden kälter. Wir kamen nach Thal, zu dem Hof, dessen Reichtum man auf den ersten Blick erkennen kann. Choukria wollte dort übernachten. Ich beschloß noch weiterzugehen, bis zu dem großen Felsen vor den Hügeln von Naje. Aber ein Wolkenbruch überraschte uns, wir flüchteten zu einer verwahrlosten Hütte, waren patschnaß. Ein verhutzeltes, schwarzes Männchen erklärte uns, daß die Hütte bereits zum Bersten voll sei. Also lagerten wir unter einem großen Felsen. Stolz packte ich mein winziges Zelt aus, bemühte mich jedoch vergeblich, es aufzustellen. Schließlich richtete es Choukria als Biwaksack her. Die Nacht war bitterkalt, wir waren in der Nähe von Manang, drei Tage von der tibetischen Grenze entfernt. Einige Trägerinnen fanden sich ein, machten Feuer, bereiteten Tee. Der Mond ging auf; Choukria rollte sich in meiner Nähe zusammen, er erinnerte mich an einen treuen Hund.

Am nächsten Morgen wurde der Weg sehr steil. Nur die in Stämme gehauenen Stufen ermöglichten das Steigen. Am Ende des Abhangs klebt ein winziges Dorf, Naje. Wir stiegen weiter, bogen um eine Ecke — plötzlich sah ich die riesigen, verschneiten Gipfel des Himalaya. Ich mußte an euch denken, an eure Strapazen . . .

Choukria ging voraus — als ich ihn einholte, unterhielt er sich mit zwei Männern. Es waren der Postläufer und der Verbindungsoffizier eurer Expedition. Der Offizier riet mir sogleich eindringlich davon ab, meinen Weg allein fortzusetzen — er sei sehr steil und schwierig, man müsse klettern, es liege viel Schnee. Er selbst sei 50 Meter tief abgerutscht, als er gestern früh vom Lager abgestiegen sei. Er schlug mir vor, mich ihm und seinen zwei Trägern anzuschließen. Seine Argumente ließen mich zögern und nachdenken. Choukria hatte nur dünne Turnschuhe an, zum Schutz gegen die Kälte nichts als eine ärmliche Decke und einen fadenscheinigen Pullover. Und es würde sehr kalt werden. Nur noch ein bis zwei Tage bis zum Basislager — ich entschloß mich, den Ratschlägen des Offiziers zu folgen. Also bezahlte ich meinen Träger, gab ihm sogar etwas mehr — nur ungern entließ ich den so treuen und zuverlässigen Choukria. Etwas melancholisch schloß ich mich meinen neuen Begleitern an, die eilig nach Thonje abstiegen, um dort Reis, Yakfleisch, Raksi und Mais zu kaufen. Der Verbindungsoffizier mußte nach Kathmandu telegrafieren, um über den neuesten Stand eurer Expedition zu berichten. Thonje gefiel mir mit seiner soliden Holzbrücke, den Gebetsmühlen am Dorfeingang. Die flachen Steindächer boten mit ihren soliden Steinmauern guten Schutz bei Frost. Der Offizier, Mr. Karki, führte mich über einen mit Platten ausgelegten Hof zu einem Haus mit geschnitzter Galerie. Auf einer schönen hölzernen Terrasse entdeckte ich einen Teppichwebstuhl. Große Nebengebäude, Ställe — alles ließ auf Wohlstand schließen. Man brachte uns auf der Galerie unter, hier sollten wir schlafen, auf der einen Seite die Träger, auf der anderen wir. Die Wirtin weckte mein größtes Interesse, sie sah vornehm aus, ihre Haltung verbot jeden Widerspruch. Sie war ledig, in Nepal eine große Seltenheit. Mr. Karki erzählte mir, daß ihr Vater Bürgermeister gewesen sei, sehr reich, und daß sie seine Nachfolge angetreten habe, da sie die Verwaltung des Dorfes einer Heirat vorzog.

Das Essen war ausgezeichnet, hinterher gab es Raksi. Mr. Karki trank zuviel, er wurde aufdringlich und begann, sich allzu nah neben mir für die Nacht einzurichten. Ich verwies ihn auf seinen Platz und nahm mir vor, mir die Reise durch diesen Unsympathen nicht verderben zu lassen.

Am 2. April erledigte Mr. Karki seine Aufträge. Ich setzte mich zur Herrin des Hauses und häkelte. Sie wollte es auch versuchen, begriff schnell und häkelte einen dunklen Streifen in meine Arbeit. Das Eis war gebrochen, ich stellte viele Fragen an diese große Dame – die sich mit den Fingern schneuzte.

Am 3. April brachen wir endlich auf. Mr. Karki sagte, die Träger hätten noch etwas zu erledigen; wir gingen voraus. Ich fragte nicht viel über den Weg, merkte aber bald, daß mein Begleiter sich häufig irrte. Seine Auskünfte über die Marschdauer schwankten zwischen einem Tag, zwei Tagen und fünf Stunden. Gegen Mittag erreichten wir den Eingang zum Dona Khola. Ich war entzückt von den moosigen Bäumen, den blühenden Rhododendren, dem üppigen Duft. An einer Wasserstelle schlug Mr. Karki vor, auf die Träger zu warten. Die Sonne sank, es wurde kalt.

Die Träger kamen nicht.

Also kehrten wir abermals nach Naje zurück. Die Träger streikten. Sie fanden ihre Last zu schwer. Ich nahm ihnen einen Teil ab, verzweifelt über die Verzögerung. Trotzdem wollten sie an diesem Tag nicht mehr aufbrechen. Mr. Karki und ich stiegen wieder allein zum Dona Khola. Gegen 6 Uhr machten wir Feuer, Tee und Brühe. Wie jeden Abend begann Mr. Karki wieder, sich mit Raksi vollzupumpen. Dann richteten wir uns für die Nacht ein, jeder in seiner Ecke. Nach zwei Stunden Schlaf fuhr ich durch den Lärm, den Mr. Karki mit dem Reißverschluß seines Schlafsacks machte, in die Höhe. Er beugte sich über mich – ich war wie gelähmt vor Angst, griff nach meiner Taschenlampe und blendete ihm ins Gesicht. Dann drohte ich ihm, im Basislager und in Kathmandu über sein Benehmen Bericht zu erstatten. Er flehte mich an, an seine Mutter und seine Kinder zu denken. Er widerte mich an. Ich schlief schlecht.

Am 4. April erwachte ich gegen 5 Uhr. Mr. Karki sprach nicht mehr mit mir. Ich machte uns Frühstück, denn außer Raksi hatte er nichts zum Essen dabei. Die Stimmung war ekelhaft, er bummelte herum, hielt alle zwanzig Minuten an. Der Weg war

In der Schlucht zwischen Naje und dem Basislager: Bambuswald, Steine und der Fluß.

schwierig, wir mußten klettern. Karki blieb absichtlich hinter mir, damit ich nicht weiter wußte. Sein Gepäck werde ihm zu schwer, sagte er. Ich verstand: er hatte keine Lust mehr, meinen Schlafsack zu tragen – also nahm ich ihn. Trotz allem Ärger genoß ich den Marsch durch dieses wilde, menschenlose Tal. Den Mut verlor ich nicht.

Ich fragte, in welcher Richtung der Manaslu liege, um endlich zu wissen, wie weit es noch sei. Die Antworten waren vage, verschleiert und wechselnd. Da ich eine weitere Nacht mit diesem Mr. Karki vermeiden wollte, schlug ich ihm vor, er solle allein vorausgehen und mir einen Träger entgegenschicken. Ich sei zu müde, heute noch weiterzugehen. Für euch gab ich ihm einen Zettel mit. Ohne sich dazu zu äußern, verschwand Mr. Karki, mit ihm mein Kochtopf und der Reis.

Bald darauf verlief ich mich im Bambuswald. Ich kehrte um, zögerte, suchte nach Spuren. Am Abend machte ich mir ein großes Feuer und war allein mit dem Rauschen des Flusses. Am nächsten Morgen wartete ich, um die Träger zu treffen. Als nach Stunden noch niemand kam, ging ich allein weiter. Der Weg war nicht so leicht zu finden, die Steinmänner waren weit voneinander entfernt. Es schneite. Ich hatte keine Ahnung, wo das Lager sein könnte, kehrte um, fand schließlich einen neuen Steinmann, war erleichtert. Ich zwang mich, weiterzugehen und kam schließlich an einen riesigen See. Die Moräne war so steil, daß ich sie kaum ersteigen konnte. Steine und Eisblöcke polterten ins Wasser, ich mußte zurück und verwünschte Mr. Karki, der mir über den Weg keine vernünftigen Angaben gemacht hatte. Er hatte immer nur gesagt: ›Very dangerous, very dangerous‹. Ich entschloß mich, ein Stück zurückzugehen – es schneite, schneite. Nichts als Steine überall, Steine, Steine.

Ich hatte nur noch Proviant für drei Tage, mußte also eine Lösung finden. Endlich entdeckte ich frische Spuren, sie stammten wohl von den Trägern. Ich folgte ihnen, verlor trotzdem ab und zu den Weg, fand ihn wieder. Als ich um eine Ecke bog, sah ich Feuer, hörte Stimmen, sah die beiden Träger. Sie waren erstaunt, mich allein anzutreffen. Mit wenigen Worten erklärte ich die Situation und bekam zu essen. Glücklich schlief ich auf den getrockneten Bambusblättern ein.

Früh am Morgen brachen wir auf. Der Weg war eisig und glatt, wir erreichten wieder den See, hielten uns rechts. Ein Sherpa begegnete uns. Ich dachte, man habe ihn mir als Helfer entgegengeschickt, aber nein, er sollte die Post in Pokhara abholen. Ich erkundigte mich nach Mr. Karki, doch er hatte nichts von ihm gesehen, in den letzten Tagen war niemand im Basislager erschienen. Ich war beunruhigt.

Die Müdigkeit und die Höhe machten mir zu schaffen. Wieder ein Steinmann – und endlich kam ich ins Basislager. Ihr wart alle in den Zelten. Als ich nach euch rief, erschien ein bärtiger Kopf nach dem anderen. Ach, war ich froh!«

Jeder auf seinem Posten

Unser Expeditionsleiter und der Sirdar brachen am 12. April auf, um bei der nächsten Polizeistation Meldung über den verschwundenen Offizier zu erstatten. Françoise begleitete sie bis ins Marsyandi-Tal, durch das sie nach Pokhara zurückkehrte.

Thonje war eineinhalb Tage vom Basislager entfernt. Als sie dort ankamen, wußte man bereits vom Verschwinden des Offiziers. Urkien und Wolfi behandelte man deshalb, als wären sie bereits verhaftet. Die Pässe wurden ihnen abgenommen, und man schickte sie ins Hauptquartier nach Djeme, das einen Tagesmarsch von Thonje entfernt lag. Zur Bewachung gab man ihnen vier Polizisten mit.

Unterwegs stießen sie auf ein Tibeter Zeltlager, wo Urkien einen Freund traf. Sie wurden dort zum Mittagessen eingeladen, und Wolfi probierte zum erstenmal im Leben den tibetischen Yakbutter-Tee. Dieser Tee wird in hohen Behältern mit ranziger Butter verstampft – Wolfi fand ihn grauenvoll.

Weiter ging der Marsch, vorbei an tibetischen Dörfern, durch duftende Kiefernwälder. Die Landschaft, die einstöckigen Steinhäuser, die Bäche erinnerten hier stark an die Alpen, allein die Gebetsfahnen verliehen allem einen fremdländischen Reiz.

Nach vier Stunden kamen sie in Djeme an. Auf der Polizeistation hatte man keine Lust, sie anzuhören, man wollte das buddhistische Neujahrsfest feiern. Erst Wolfis Drohung, eine Beschwerde

Wolfgang Nairz

beim König in Kathmandu einzureichen, half. Umfangreiche Protokolle wurden aufgenommen, der Fall Karki konnte endlich besprochen werden. Die Polizei nahm das Ganze nicht weiter tragisch. Mr. Karki würde sich schon wieder finden, meinten sie. Wolfi mußte bis zum nächsten Morgen auf der Station warten.

Bei bestem Wetter traten Wolfi und Urkien anderntags den Rückweg an. Abermals erhielten sie als Begleitschutz vier Polizisten, die gleichzeitig den Auftrag hatten, nach dem verschwundenen Offizier zu suchen. Der Manaslu stand königlich über den Kiefernwäldern und überragte alle anderen Berge ringsum. Die Gruppe eilte zurück nach Thonje und weiter durch das Dona Khola Richtung Basislager. Die Polizisten suchten die Gegend um das Seelager und die einzelnen Seitentäler des Dona Khola ab.

Wolfi hatte während des Aufenthalts in Djeme über Funk von dem tragischen Lawinenunglück an der Nordostseite des Manaslu erfahren, jetzt gab er die traurige Nachricht über Funk an uns weiter.

Wir hatten in der Zwischenzeit am Berg hart gearbeitet. Am 15. April wurde Lager II in 5850 Metern Höhe erstellt, am 16. April konnte bereits der Weg nach Lager III erkundet werden. Es war ein langer Weg bis dorthin, wir hatten beschlossen, es oberhalb des Südwestsattels aufzustellen. Der Lastenaufzug über den äußerst schwierigen Felspfeiler konnte beendet werden. Der Großteil der Ausrüstung, die für den Aufbau weiterer Hochlager und für den Gipfelangriff notwendig war, befand sich jetzt im Lager I, der Rest am Ende der Seilbahn. Der Lastentransport von Lager I nach Lager II wurde forciert, jeder stand auf seinem Posten. Franz und Andi waren von Lager I ins Lager II umgezogen, Bulle, Hans und Hansjörg hielten Lager I besetzt.

Wolfi, der mit Urkien und zwei Trägerlasten frischer Nahrungsmittel aus dem Tal zurückgekommen war, erledigte im Basislager die Post. Auch sandte er den vier suchenden Polizisten Tee, Reis und Fleisch, weil sie ohne Vorräte waren. Mr. Karki blieb unauffindbar.

Fleißig schleppten die Sherpas ihre Lasten von der Bergstation der Seilbahn bis ins Lager II. Bulle, Hans, Josl und Hansjörg hatten unten tagelang Material aufgezogen und so erst die Voraussetzung für den weiteren Aufbau der Hochlager geschaffen. Je-

Über den schwierigsten Teil der Wand wurden die Rucksäcke mittels eines Aufzugs befördert. Die Seilbahn in 5000 m Höhe sparte Risiko. Im Hintergrund die Hängegletscher des Peak 29.

der gab sein Bestes, jeder setzte sich fürs gemeinsame Ziel ein. Bei unserer Expedition herrschte besonders jetzt, da uns das schlechte Wetter den Erfolg zu vereiteln schien, perfektes Teamwork. Die Pläne wurden nicht von oben diktiert, alles wurde besprochen, und so möchte ich unsere Leitung eine demokratische Expeditionsleitung nennen. Jeder konnte seine Wünsche äußern, und es wurde ihnen immer entsprochen, wenn sie nicht dem allgemeinen Expeditionsziel hinderlich waren. Alle ordneten sich diesem Ziel unter.

Der 17. April war ein kühler, aber nicht mehr trostloser Morgen.

Der Manaslu, früher 8125 m, nach den neuesten Vermessungen 8156 m hoch und damit der siebthöchste Berg der Erde, gilt im Königreich Nepal als heiliger Berg. Nach der Erstbesteigung über die Nordostflanke durch eine japanische Expedition im Jahre 1956 gelang einer kleinen Tiroler Mannschaft mit der Erstbegehung der 4000 m hohen Südwand eine sensationelle Route. Im unteren Teil führt sie über einen äußerst schwierigen Felspfeiler, durchquert ein immenses Eislaby-

In Mitteleuropa hätte man bei diesem Wetter einen Mantel getragen. Hier im Himalaya aber herrschten andere Vorstellungen von Kälte. Im Trainingsanzug krochen wir aus unserem Zelt in Lager II, das in einer Mulde im Schmetterlingstal stand.
Seit einigen Tagen bestand dort ein regelmäßiger Lastentransport. Die Hochträger durchquerten selbständig den Bruch. Da es jeden Nachmittag schneite und alle Spuren verwischt wurden, hatten wir die Strecke zur sicheren Orientierung mit Bambusstä-

Manaslu 8125 m

Erstbesteigung der Südwand am
2 durch die Tiroler Himalaya-Expedition

Lager II, 585

rinth und zieht vom L II durch das Schmetterlingstal bis zum Südwestsattel. Von
hier kletterten die Tiroler über eine steile Eisflanke auf das große Gipfelplateau (im
Bild nicht sichtbar, vom Grat verdeckt). Über dieses erreichte Reinhold Messner
den Gipfel. Beim Abstieg starben Franz Jäger und Andi Schlick auf diesem Plateau in einem furchtbaren Schneesturm.

ben ausgesteckt. Gegen Mittag kamen die Sherpas bei Horst und
mir im Lager an, leerten ihre Rucksäcke, tranken Tee und stiegen wieder ab.
Die Sonne hatte im Laufe des Monats kaum merklich ihre Bahn
verändert. Die Träger, die aufsteigen wollten, mußten nun wenige Minuten früher aufstehen, um nicht in die Hitze zu geraten.
Horst und ich hatten uns eine gemütliche Behausung gebaut. Wir
hatten zwei Zelte so zusammengestellt, daß sie sich mit den Ein-

91

Pasang, der zweite Sirdar und einer der stärksten Sherpas.

gängen gegenüberstanden. Dazwischen ergab sich ein Vorraum, den wir mit einer Plane überdacht hatten. Ab fünf Uhr nachmittags surrten hier fast pausenlos zwei Phöbus-Kocher, die auf Blechdeckeln standen. Der Eingang zum Vorraum war geschlossen, und die Luft roch leicht nach Benzin und Tee.

Beim Funk um 19 Uhr besprach ich mit Wolfi einen ersten Angriffsplan, den Horst und ich im Lauf des Nachmittags ausgeklügelt hatten.

Erster Gipfelplan (17.1.1972)

18.4.: Horst und Reinhold ↑ L III; (vorgesehen oberhalb des Südwestsattels zw. 6600 m und 6800), Bulle und 1 Sahib ↑ L II;
19.4.: 2 Sherpas ↑ L III; (im L III soll Sherpazelt aufgebaut werden ; viele Lasten nach L III);
20.4.: Horst und Reinhold ↑ L IV; 2 Sherpas unterstützen den Aufstieg und steigen dann wieder ab.
(L IV: am Beginn des großen Plateaus in ca. 7500 m Höhe); Andi und Franz L II ↑ L III; Bulle und 1 Sherpa ↑ L III; Rest der Mannschaft ↑ L II;
21. oder 22.4. Gipfelangriff –
Horst und Reinhold ↑ Gipfel
2 Sahibs (beste Verfassung – Andi – Franz – Wolfi (L II) – Hans (L II) – Bulle) ↑ L IV; 2 Sherpas L III ↑ L IV ↓ L III; 2 Sahibs ziehen nach; L II ↑ L III; Sherpas zw. L II und L III einsetzen.
An den Tagen danach sollen (bei bestem Wetter nur!) weitere Seilschaften folgen.

NB! Funkgerät ↑ L III (18.4.)   } wichtig!
             ↑ L IV (20.4.)
Sauerstoff   ↑ L III (19.4.)
Seile für Versicherung L III ↑ L IV nachsenden!

Anmerkung: ↑ = Aufstieg; ↓ = Abstieg.

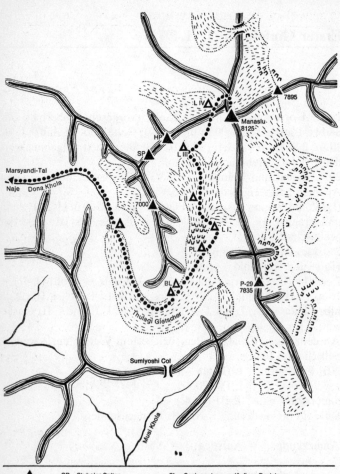

▲	SP = Stubaier Spitze	SL = Seelager bzw. vorläufiges Basislager
▲	HP = Hervis Peak	BL = endgültiges Basislager (4250 m)
🌧	Gletscher	PL = Pfeilerlager (4700 m)
🏔	Eisfall	L I = (5300 m)
▲	Peak/Gipfel	L II = (5850 m)
•••••△	Route der Tiroler	L III = (6600 m)
		L IV = (7400 m)

Wechsel in der Spitzengruppe

Der Dienstagmorgen war trüb wie jeder Morgen, der Schnee ankündigte, bedrückend.

Der Vormittag in Lager II begann mit den düsteren Wetterprognosen Horsts. Wenn einer eine Hoffnung oder einen Plan äußerte, wußte Horst ihn sofort zu ernüchtern. Er kannte inzwischen die Wetterlaunen am Manaslu.

Am Abend vorher hatte sich ein Gewitter über dem Zentral-Himalaya entladen, und unser Angriffsplan war nichtig geworden. Die Spur, die Horst und ich tags zuvor bei einem Erkundungsvorstoß gelegt hatten, war zugeschneit. Obwohl wir jetzt zu viert im Tal der Schmetterlinge kampierten, bestand aufgrund der Neuschneemassen keine Aussicht, die lange, flache Strecke bis zum vorgesehenen Lager III an einem Tag zu bewältigen.

Der Tag draußen wollte sich nicht aufhellen. Aufmerksam, als wolle er die Flocken zählen, sah Horst hinaus in das Weiß. Die Mittagszeit war schon vorbei.

Ich las seit einigen Stunden, schrieb zwischendurch in einem Tagebuch und verließ das Zelt nur, um zu urinieren. Dazu zog ich nur die Daunenschuhe an, um die Kletterstiefel schneefrei und trocken zu halten. Vor dem Zelteingang schüttelte ich die Flocken ab, die mir der Sturm an Kopf und Kleider getrieben hatte, machte ein paar Lockerungsübungen. Dann kroch ich in den Schlafsack zurück und las weiter.

Ich hatte mich inzwischen an den Wind gewöhnt, der während der vielen Nächte zu einer neuen Form der Stille geworden war. Das einzige, was diese Gelassenheit beeinträchtigte, war der Gedanke an den Offizier, der noch immer nicht aufgetaucht war. Ich bat über Funk, weiter nach ihm zu suchen und uns auf dem laufenden zu halten.

Horst, der sich während dieses Monats am Berg als der konditionell stärkste Sahib herausgestellt hatte, war nun gesundheitlich nicht mehr ganz auf der Höhe. Er lag neben mir und klagte über Kopfschmerzen und Halsweh.

Zwischen einem Buchkapitel und dem nächsten unterhielten wir uns meist. Dabei erzählte mir Horst, daß er in den Wintermonaten Tag für Tag gelaufen war, oft stundenlang, um sich für die Expedition vorzubereiten.

So gewissenhaft, wie er als Bergführer ist, ist er auch beim Anlegen einer Route, beim Durchqueren eines Eisbruchs, bei den Vorbereitungen für eine große Bergtour.

Er ist im Zillertal aufgewachsen, schon als Schulbub sammelte er seine ersten Erfahrungen im steilen Fels. Aufgrund seiner Erfolge als Skirennläufer vernachlässigte er dann eine Zeitlang die Kletterei, nahm sie aber mit doppelter Begeisterung wieder auf, als er durch schwere Knochenbrüche den Anschluß an die Elite der österreichischen Skifahrer verloren hatte.

Als Maurerlehrling bereitete er sich auf die Bergführerprüfung vor, und unternahm inzwischen mit Peter Habeler im Kaisergebirge und in den Dolomiten schwierigste Klettertouren. Heute bewirtschaftet er die Franz-Sennhütte in den Stubaier Alpen, führt Kletter- und Skitouren, hält Vorträge.

Auf seine Kleider gestützt, lag Horst nun mit angezogenen Knien unbeweglich im Schlafsack und starrte auf die leere weiße Nebelwand, die den Manaslu völlig verdeckte. Ab und zu ging er hinaus, stand draußen, schlank und groß, bereit aufzusteigen, anzugreifen. Aber das Warten, das Nichts-tun-können brachte ihn zur Verzweiflung.

Es war knapp nach Mittag, als er plötzlich herausplatzte:

»Ich gehe hinunter!«

»Wohin?« fragte ich.

»Ins Basislager, kommst du mit?«

»Nein, aber du kannst ruhig absteigen, vielleicht erholst du dich unten schneller!«

Wolfi war darüber unglücklich. Er kannte den Charakter des Zillertalers, seine Durchschlagskraft, und sein plötzlicher Entschluß erschreckte ihn. Zweimal verbrachte er je eine ganze Viertelstunde am Funkgerät, um ihn zum Bleiben zu bewegen. Er versuchte ihn aufzumuntern, vergebens. Schließlich bat Wolfi mich, zu vermitteln. Ich versuchte, Horst klarzumachen, daß wir noch viel Zeit hatten, und er stieg ab.

Horst mußte und konnte ersetzt werden. Jeder von uns konnte ersetzt werden, jeder war bereit und fähig, alle Arbeiten durchzuführen. Der Mann im Basislager oder an der Seilbahn war

Lager II im Schmetterlingstal: täglich Neuschnee, Kälte . . .

ebenso wichtig, wie der Mann in der Spitzengruppe. Wir waren
ein eingespieltes Team gleichwertiger Kräfte, untereinander aus-
tauschbar. Über die Positionen wurde abgestimmt, jeder übernahm freiwillig die seine.

Unser Unternehmen glich in Organisation und Einsatz einer großen Baustelle:

Es wurde geplant, erkundet, Lager wurden aufgebaut, Trans-
portprobleme mußten bewältigt werden, Sicherheitsvorkehrun-
gen wurden getroffen. Die Sherpas waren unsere Handlanger,
wir selbst arbeiteten oft wie Kulis, um einige hundert Meter wei-
terzukommen.

Man mußte schon über eine gewisse Gelassenheit, ja Sturheit
verfügen, um bei diesem abscheulichen Wetter durchzuhalten.
Ich konnte Horst verstehen, der es vorzog, die Belagerung abzubrechen. Er fühlte sich in so elendem Zustand, daß er am liebsten sofort wieder nach Hause gefahren wäre.

Abends im Basislager notierte er in sein Tagebuch:

»Das Wetter ist immer noch schlecht, und wegen der anhalten-
den Halsschmerzen entschloß ich mich, ins Basislager abzusteigen. Mit dem Sherpa Catsering wagte ich mich bei einem halben
Meter Neuschnee an den Abstieg. Das Schmetterlingstal brachte
keine nennenswerten Schwierigkeiten, doch unterhalb des Eis-

wulstes über der Schlucht hing ein Schneebrett in der Flanke. Da es keine andere Abstiegsmöglichkeit gab, ließ ich Catsering an der Karabinerbremse hinunter. Er trat − Gott sei Dank − die Lawine los, somit war der Weg nach Lager I frei. Die Vorsichtsmaßnahme mit der Karabinerbremse hatte sich gelohnt, denn es gelang mir, Catsering zu halten.

In Lager I erwartete uns die Besatzung. Nach kurzem Gespräch stiegen wir dann bis zum Sherpalager ab, wo Catsering zurückblieb. Nun nahm ich meinen Rucksack auf die Schultern und machte mich an den Weiterweg über den schwierigsten Teil des Pfeilers. Alles war total verschneit, und doch kam ich verhältnismäßig gut weiter. Nachdem ich ein paarmal am vereisten Seil hängengeblieben war, erreichte ich erschöpft und abgekämpft das Basislager. Zum wievielten Mal ich nun abgestiegen bin, weiß ich nicht mehr.«

Nach tagelanger Arbeit an der Seilbahn mußten Hans, Hansjörg und Bulle all ihre persönlichen Sachen selbst heraufschleppen. Es standen keine Sherpas zur Verfügung. Als sie dann im Lager I nur einen kaputten Kocher vorfanden, waren sie ziemlich verärgert und schimpften uns »Wandalen«. Aber mit seiner Geschicklichkeit brachte Hans das Gerät wieder in Ordnung.

Bei uns schneite es immer noch. Ich lag jetzt allein im Zelt, unterhielt mich manchmal mit Andi und Franz, die im Nebenzelt hausten.

Die Dinge, die Horst so ungewöhnlich aufgeregt hatten, waren in diesen Tagen gang und gäbe. Lager II schien in der Fülle des Neuschnees zu ersticken. Unsere beiden Zelte waren inzwischen von weiteren umstellt worden, Luftmatratzen und Schaumgummimatten machten in ihnen die Morgenkälte erträglicher.

Aufstieg in die Todeszone

Am nächsten Morgen warteten wir auf die Freunde, die aus Lager I aufzusteigen versprochen hatten. Uns war der Brennstoff ausgegangen, das Wetter hatte sich gebessert.

Neben mir stand Franz mit gesträubtem blondem Haar und unternehmungslustiger Miene. Vorher, im Zelt, hatte er mir von der Winterbegehung der Lyskamm-Nordwand erzählt, bei der er sich die Vorderfüße erfroren hatte. Zwei Monate lang war er damals in der Klinik gelegen, einige Zehen mußten teilweise amputiert werden. Dabei faßte Franz den Entschluß, niemals auf großen Höhen zu biwakieren. Er war vernünftig, erfahren, vor allem aber vorsichtig.

»Franz«, sagte ich jetzt, »hast du Lust, mit mir die Spitze zu übernehmen?«

Er strahlte und stimmte zu.

Franz war gut akklimatisiert, konditionell sehr stark, und er hatte wohl den größten Auftrieb von allen. Eine innere Spannung erfüllte ihn, keine ermüdende, sondern eine freudige.

Im Basislager hatte er oft Abende hindurch Gitarre gespielt, mit uns gesungen und gelacht. Als gelernter Friseur war er viele Jahre nicht zum Bergsteigen gekommen. Erst als er vor fünf Jahren seine Arbeit aufgegeben hatte und Bergführer wurde, war er zufrieden. Er führte viele Gruppen, war überaus beliebt, warmherzig, lebhaft im Gespräch. Bergsteigen bedeutete ein neues Ge-

Franz Jäger

99

fühl für ihn, das war doch etwas anderes, als im Salon den Kunden zuzulächeln. Er bereute es niemals, die Schere mit dem Seil vertauscht zu haben.

Um die Mittagszeit kamen die Sherpas von unten, wenig später Hansjörg, Bulle und Hans. Sie waren begeistert von Lager II, von der Umgebung.

Bulle erzählte, daß er am Eiswulst oberhalb von Lager I ein Steigeisen verloren hatte – nur mit Hilfe des Fixseiles konnte er sich retten. Den Weg durch den gigantischen Eisbruch fand er abenteuerlich, dort hatten sich neue Spalten aufgetan.

Als Franz, Andi und ich am nächsten Morgen aufbrachen, um Lager III aufzubauen, schliefen die anderen noch. Durch knietiefen Schnee mühten wir uns aufwärts, umgingen einen Gletscherbruch rechts, einen zweiten links und blieben oft sitzen.

Die Sonne strahlte unerträglich heiß vom Himmel und von den Seracwänden, die unsere Aufstiegsroute säumten. Die beiden Sherpas waren weit zurückgeblieben. Obwohl wir uns in der Spurarbeit abwechselten, wurden wir sehr müde, so tief lag der Schnee.

Im Grunde einer breiten Spalte gruben wir ein Schneeloch und stellten das Zelt hinein, so daß wir vor Wind und Lawinen geschützt waren.

Andi hatte uns beim Graben geholfen und ging dann mit den Sherpas nach Lager II zurück, wo am Abend Hansjörgs Geburtstag gefeiert wurde.

Wolfi, Josl und Horst waren vom Basislager ins Pfeilerlager aufgestiegen, und im Lauf des Nachmittags kletterten sie über den Pfeiler nach Lager I weiter. Die Hitze machte auch ihnen zu schaffen, besonders an den überhängenden Leitern. Zudem mußten sie eine Menge Lasten aufziehen.

Während Horst anderntags mit sieben Sherpas nach Lager II weiterzog, gelang mir die erste Besteigung des Hervis Peak. Dieser formschöne Sechstausender steht am oberen Ende des Schmetterlingstals und ermöglicht einen einzigartigen Einblick in die Gipfelwand.

Franz und ich waren am Morgen des 21. April von Lager III los-

Lager II im Schmetterlingstal

gezogen, um den unteren Teil der Eiswand zu erkunden, über die wir weiter auf das Gipfelplateau des Manaslu klettern wollten. Dabei erreichten wir den Südwestsattel, sahen hinunter in die furchterregend steile Westwand und waren froh, auf der Südseite zu sein. Die Westwand ist felsdurchsetzt, von drei gewaltigen Rippen durchzogen, vom Steinschlag bestrichen. Ganz oben hängen Eisbalkone.

Der Hervis Peak stand so faszinierend vor uns, daß ich mir einen Versuch nicht verkneifen konnte. Franz hatte die Steigeisen nicht dabei, deshalb ging ich allein.

Schwerbepackt trafen am Mittag des 22. April Bulle und Andi bei uns ein. Besonders Bulle hatte sich zuviel aufgeladen, an die 25 Kilo, so daß er sich verausgabt hatte. Die Route, die in einem großen »S« zwischen den Gletscherbrüchen verlief, war teilweise steil, der Schnee immer noch grundlos. Auch Andi stützte sich alle paar Meter auf die Skistöcke, um zu verschnaufen. Gleichzeitig waren Josl und Wolfi nach Lager II übersiedelt.

Diese anhaltende Schönwetterperiode erlaubte uns erstmals ein zügiges Vorgehen. Alles klappte jetzt so vorzüglich, daß wir in unserem Begeisterungstaumel bereits vom Gipfel sprachen.

Am nächsten Tag wollten Franz und ich das große Plateau erreichen und von dort aus einen Gipfelangriff wagen. Es sollte aber alles anders kommen.

Früh am Morgen begannen wir mit dem Aufstieg über die steile Eisflanke, die sich unmittelbar über Lager III aufbaute. Wir hofften, sie an einem Tag zu schaffen. Das Eis aber war teilweise glasig und hart, die Felsen brüchig. Wir mußten den Sherpas Seilhilfe geben. Erst nach vielen Stunden erreichten wir zwei Felsen in der Mitte des Hanges und rasteten dort. Dann mühten wir uns noch hinauf bis zu einer Felsbarriere, die schräg rechts aufwärts zog. Die Sherpas waren so erschöpft, daß sie nur noch krochen. Die Sonne stand schon tief, der Höhenmesser zeigte 7000 Meter. »Beginnt hier nicht die Todeszone?« fragte Franz, der sich noch so wohl fühlte, daß er es kaum glauben konnte. Ich suchte einen Lagerplatz. Obwohl wir das Plateau nicht erreicht hatten, waren wir zufrieden. Wir stellten das Zelt in eine Eishöhle und schickten die Sherpas mit dem Auftrag hinunter, anderntags wieder leer aufzusteigen und gegen zehn Uhr bei uns zu sein.

Bulle und Andi hatten inzwischen den unteren Teil der Eisflanke

Horst Fankhauser beim Aufstieg (oben) und auf dem Gipfel des Hervis Peak, fotografiert von Reinhold Messner. Die Erstbesteigung dieses Sechstausenders war eine Zugabe.

Das Basislager, wohin sich Horst Fankhauser zur Rast zurückgezogen hatte.

mit Fixseilen versehen, so daß die Sherpas rasch absteigen konnten.

Am Mittag waren Hans und Hansjörg in Lager III eingetroffen. Andi und Bulle stiegen auf, um die Seile anzubringen. Beim Beginn des Eishanges würfelten sie mit einer Vitamin-Tablette um die Führung. Andi gewann. Die Überwindung der Randkluft war heikel, anschließend führte die Route über hartes Eis. Andi kletterte schön, ja elegant – trotz der großen Höhe und der schweren Kleidung. Am Beginn der Felsen machte er Stand. Bulle bat ihn, auch noch die nächste Seillänge vorauszusteigen.

Es war angenehm, mit so vorzüglichen Bergsteigern zusammenzuarbeiten. Jeder konnte in diesen Tagen seinen persönlichen Höhenrekord hinaufschrauben und war glücklich, daß nun doch noch alles zu gelingen schien.

Horst tat es jetzt leid, die Führung abgegeben zu haben. Jetzt nämlich war er in einer Hochform, die er zuvor nie an sich kennengelernt hatte. Sie sollte ihm am nächsten Tag bei der Erstbesteigung der Stubaier Spitze und am 25. April zugute kommen.

Der Angriffsplan

»Wir melden uns aus L II, wo sich drei Teilnehmer aufhalten, L III ist von vier Teilnehmern besetzt, und heute konnte bereits L IV, wenn auch noch nicht am endgültigen Platz, aber doch schon in einer Höhe von über 7000 Metern errichtet werden. Wir sind gespannt, heute abend um sieben Uhr im Funk zu hören, was Reinhold und Franz uns aus L IV berichten werden.«

Es war am 23. April, und sämtliche Teilnehmer der Expedition befanden sich bereits in den Hochlagern.

»Hier L II, hier L II − − L III, L IV bitte melden.«

»Hier L IV, beziehungsweise vorläufiges L IV. Wolfi, wie geht's euch?«

»Danke, Reinhold, gut. Wie geht es euch, wie hoch seid ihr und wie ist eure Kondition, bitte kommen!«

»Wir sind ungefähr auf 7000 Meter in einer Spalte verschanzt, aber trotzdem ist es relativ windig, und die Nacht wird sehr kalt werden. Nach wie vor sind wir der Meinung und der Überzeugung, daß wir morgen mit zwei Sherpas das Lager vier- bis fünfhundert Höhenmeter weiter nach oben verlegen sollten, um sicherzugehen, um nicht ins Leere zu laufen. Bitte kommen!«

»Habe verstanden. Wir haben hier unten sehr gehofft, daß ihr noch auf siebentausendzweihundert Meter hinaufkommt, denn wir hätten dann einen Plan entwickelt − ich weiß nicht, ob du mit dem einverstanden wärst, soll ich ihn dir vielleicht trotzdem durchgeben? Bitte kommen!«

»Ja, sag ihn einmal. Bitte kommen!«

»Wir haben gedacht, wir sollten die gute Wetterperiode ausnützen. Franz und du solltet, wenn ihr in guter Kondition seid, sofort zum Gipfelsturm ansetzen. Von Lager III würden drei Mann mit zwei Sherpas hinaufgehen und das Lager IV endgültig auf 7400 Meter hinaufsetzen, damit ihr, wenn ihr dann zurückkommt, dort bleiben könnt. Die Sherpas können ja wieder hinuntergehen, und die Sahibs können dann für den weiteren Angriff dort oben bleiben. Bitte kommen!«

»Ja, das ist gut und recht, Wolfi, nur sind wir nach meiner Ansicht zu tief. Es könnte gelingen, daß wir morgen hinaufkommen bis zum Gipfel, rein von der Kondition her kann es gelingen. Dabei besteht das Risiko, daß wir erstens biwakieren müssen, und zweitens, daß wir vielleicht nicht ganz hinaufkommen und dann natürlich für den Gipfel ausfallen, weil wir ja absteigen müßten und zu müde wären. Wir sind noch zu weit vom Gipfel entfernt. Wenn es stimmt, daß die Schulter draußen 7900 Meter hoch ist, sind wir sicher schon auf 7400 Meter. Aber wir müssen uns jetzt auf die Höhenmesser verlassen, sonst gehen wir womöglich ins Leere, und ich traue morgen keinem im Lager III zu, keinem, daß er heraufgeht und dieses Lager auf 7400 Meter stellt. Zudem können die Sherpas nur weitergehen, wenn sie leer gehen. Sie sind heute zum Schluß nur noch gekrochen. Bitte kommen!«

»Habe verstanden. Wir haben hier unten gehofft, daß ihr seit Mittag, als wir Funkkontakt gehabt haben, noch zweihundert Höhenmeter gemacht habt und auf 7200 Meter seid. Von dort wäre dann unser Plan vielleicht möglich gewesen. Bitte kommen!«

»Von 7200 Meter aus ist es vielleicht möglich, das hängt von der Längsentfernung ab, die weiß eben niemand. Was mich im Augenblick sehr interessieren würde ist die allgemeine Wetterlage. Weiß man nichts darüber, oder hat man Angst, daß übermorgen schon schlechtes Wetter ist? Bitte kommen!«

»Nein, man weiß nichts Genaues, aber ich selbst und auch Urkien glauben, daß es höchstens noch drei Tage schön ist. Bitte kommen!«

»Wenn wir drei Tage haben, kommen wir durch. Wenn wir nur zwei haben, vielleicht. Wolfi, ich bin der Ansicht, daß wir das Risiko nicht eingehen sollten, morgen früh einen Vorstoß zu versuchen. Franz und ich könnten scheitern, dann müßten die nächsten probieren, die brauchen dann wieder drei, vier Tage, und so geht es in dieser Wetterperiode überhaupt nicht mehr. Mehr Chancen haben wir, wenn wir uns Zeit lassen, noch vierhundert Meter hinaufgehen und dann von dort aus den Gipfel angreifen. Bitte kommen!«

»Inzwischen hat sich auch Lager III eingeschaltet. Natürlich bin ich vollkommen mit dir einverstanden, Reinhold. Ihr könnt oben viel besser entscheiden, als wir hier unten. Lager III, bitte melden!«

»Hier Lager III. Ich bin ganz der Ansicht von Reinhold. Es ist ausgeschlossen, von hier bis 7400 Meter in einem Zug vorzustoßen, wenn man noch Entsprechendes zu tragen hat. Der zweite Grund ist, daß Reinhold und Franz schon in einer verdammt großen Höhe sind, mit relativ wenig Rückendeckung. Gut − wir werden aufsteigen, wenn wir wissen, sie brechen unter allen Umständen zum Gipfel auf. Aber meines Erachtens und nach Ansicht meiner lieben Kommilitonen ist es einfach zu gefährlich. Bitte kommen!«

»Gut − wir hatten nur gedacht, daß Reinhold und Franz schon etwas höher oben sind, und dann wäre es ja möglich gewesen. Wie die Dinge jetzt stehen, ist es natürlich nicht möglich. Wir müssen weiter an unserem alten Plan festhalten. Bitte kommen!«

»Ich glaube, dieser alte Plan setzt einen Tag mehr gutes Wetter voraus oder doch einen halben Tag. Wenn wir von hier aus wissen, daß es den beiden schlecht geht, daß sie mit dem Abstieg Schwierigkeiten haben, dann steigen wir ihnen natürlich entgegen und helfen ihnen, so gut wir können. Das wäre dann zu verantworten. Aber morgen direkt durchzugehen, wie Reinhold das schildert, das ist einfach zu kritisch, das ist eine furchtbare Entfernung. Es ist auch mit seinen Füßen zu kritisch, das lohnt sich nicht. Wir haben schließlich erst den zweiundzwanzigsten, laß mich mal rechnen − zweiundzwanzigster April . . . Selbst wenn wir das Pech haben, daß es bereits in zwei oder drei Tagen schlecht wird und nicht klappt . . . wichtiger ist, daß man kein zu großes Risiko eingeht. Wichtig ist zum anderen, daß von den beiden bzw. den vieren heute wieder ein großer Teil Arbeit gemacht wurde. Wir haben die besten Chancen, selbst wenn das Wetter kurzzeitig umschlagen sollte. Bitte kommen!«

»O.K., Bulle, ich muß dich nur korrigieren, heute ist bereits der dreiundzwanzigste, nicht der zweiundzwanzigste. Das spielt aber keine Rolle. Jetzt zurück zu Lager IV, denn die werden wahrscheinlich Bestellungen an Lager III haben. Bitte kommen!«

»Ja, Bulle, ich hab' dich ausgezeichnet verstanden. Wir sind genau der gleichen Meinung. Das Risiko von hier weg ist einfach zu groß. Auch das Risiko, daß wir nicht durchkommen und dann flachfallen und dann eine andere Mannschaft heraufgehen müßte . . . Du hast genau verstanden, wie das ist. Es ist einfach zu weit weg von hier aus bis zum Gipfel. Erste Frage: Wie sind die

Sherpas hinuntergekommen? Habt ihr versichern können? Bitte kommen!«

»Die zwei Sherpas sind Wunderleute. Wir waren gerade fertig mit den Versicherungsarbeiten, da sind sie gekommen. Nachdem sie sich abgeseilt hatten, sind sie umhergehüpft, als hätten sie gerade einen Spaziergang über die Theresienstraße gemacht. Das sind phänomenale Burschen, ich möchte einmal im Leben so eine Kondition haben. Bitte kommen!«

»Ausgezeichnet. Besonders der Catsering war heute gut in Form. Die beiden haben ja relativ viel getragen, einer das Zelt, der andere den Kocher und Nahrungsmittel. Und das bis hier herauf. Wirklich, wir hätten nicht mehr weiter gehen können. Noch eine Frage: Habt ihr bis herauf versichern können, also bis zum Ende der Felsen, wo dann ein Firnrücken nach links zieht? Kommen!«

»Das haben wir gemacht. Wir waren gerade dabei, die höchsten Verankerungen zu bauen, da sind die beiden aufgetaucht, hatten einen Mordshunger und sind einfach die Seile hinunter. Mir kam es vor, als ob es irgendwo am Predigtstuhl gewesen wäre. Es ist eine richtige Gaudi, den Burschen zuzuschauen. Bitte kommen!«

»Jedenfalls besten Dank für die viele Arbeit. Nun zu unseren Bestellungen. Unser Plan ist folgender: Die Sherpas sollten morgen wieder aufsteigen, und zwar die gleichen, weil sonst keine unten sind, und jeder soll höchstens zwei Kilogramm tragen. Zwei Kilogramm mit persönlicher Ausrüstung und Nahrungsmitteln. Sie sollen ungefähr um 10 Uhr da sein, wenn das möglich ist. Sie müßten zwischen sechs und sieben losgehen. Wenn sie so wenig tragen müssen, kommen sie relativ schnell herauf. Kommen!«

»Was verstehst du unter persönlichem Material, Reinhold? Bitte ganz genau definieren. Also abgesehen von ihren eigenen Steigeisen, sollen sie sonst noch irgend etwas mitnehmen? Wir haben ein bißchen Zucker, ja — oder nicht? (Stimme im Hintergrund: ja). Das werden wir euch hinaufschicken, sonst . . . (wieder Gemurmel im Hintergrund) . . . was würdet ihr sonst noch besonders schätzen? Etwas, was wir hier vielleicht zur Verfügung haben. Bitte kommen!«

»Ein halbes Kilo Zucker, ein Viertelkilo reicht auch. Ovomaltine, wenn es geht, es müßte da vor unserem Zelt etwas liegen. Vielleicht eine Fleischkonserve, relativ leicht verdaulich, und die Suppenwürfel, weißt du, die kleinen Würfel. Bei den normalen

Hans Hofer

Suppen, die wir haben, würde es zu lange dauern, bis sie durch
sind. Sonst wünschen wir nichts Besonderes. Also nur Nahrungsmittel sollen sie heraufbringen. Sie kommen am gleichen Tag
wieder zurück. Wenn sie um zehn da sind, lassen wir sie um zwei
wieder gehen. Sie sind dann spätestens um sechs wieder unten.
Dann brauchen sie nie mehr heraufzugehen. Das haben sie sich
nämlich ausbedungen. Wenn sie morgen nochmal heraufgehen,
hat der Catsering gesagt, dann kommt er nie mehr herauf. Bitte
kommen!«
»Ja, er hat an der Versicherung ein bißchen geschnauft, aber ich
finde, es sind doch tolle Burschen. Kaffee, Tee, und solches
Zeug braucht ihr nicht? Bitte kommen!«
»Tee haben wir, Kaffee ist hier oben vielleicht nicht so günstig.
Wenn euch noch was einfällt an Nahrungsmitteln, relativ leicht
verdaulich und gut schmeckend . . . Aber wichtig ist Zucker,
Ovomaltine, Suppen und eine Fleischkonserve, vielleicht zwei.
Sollte das Wetter umschlagen und wenn wir guter Dinge sind,
bleiben wir einen Tag oben und warten, oder zwei Tage und warten. Bitte kommen!«
»Ich bin sehr überrascht, daß bei der Bestellung die Zigaretten
fehlen. Hört der Franz bei 7000 Metern zu rauchen auf? Bitte
kommen!«
»Eine Packung Zigaretten hätte er natürlich sehr gern, wenn welche unten liegen. Auch der Agnima möchte sicher gern welche;
dem habt ihr aber wohl schon welche gegeben. Bitte kommen!«
»Wir werden sehen. Sonst noch was von Lager IV?«

»Sonst brauchen wir nichts mehr, ich denke, wir melden uns morgen um sieben Uhr wieder. Da sind die Sherpas schon weg, und mittags um ein Uhr dann wieder. Wir können dann näher besprechen, wo wir da sind. Dein Höhenmesser, Bulle, da muß ich dich leider enttäuschen, bei dem kommt eine Sechs, dann eine Null, dann eine Eins. Also mit Sieben nichts zu machen. Wir sind jetzt am Ende. Wir werden ihn zwar mitnehmen, aber am letzten Zelt hängenlassen. Bitte kommen!«

»Es gibt zwei Möglichkeiten: Entweder haue ich ihn der Firma um die Ohren, oder ich gehe in Zukunft nur noch auf den Mont Blanc. Ich werd's mir noch überlegen. Wahrscheinlich entscheide ich mich für den Mont Blanc. Aber wie wir jetzt abends so hinaufgeschaut haben, da waren paradiesische Prachtfarben am Manaslu. Bitte kommen. Ich werde noch entscheiden, was ich mit dem Höhenmesser mache. Bitte kommen!«

»Jedenfalls ist es schade, daß er nicht geht. Wie sind bei euch alle untergebracht, der Hansjörg, der Hans, der Andi und du? Liegt ihr alle im gleichen Zelt, oder liegen die anderen in der Eishöhle? Bitte kommen!«

»Nein, der Hansjörg und der Hans haben sich als doch feinere Menschen ein neues Zelt aufgebaut. Es liegt zwar unter einem riesigen Eisüberhang, aber das schadet den beiden sicher nicht. Die Eishöhle ist etwas verwahrlost und – wie soll man sagen – als Proviantzelt verwendet. Wir hier liegen mit den Sherpas zusammen, wir haben es sehr gemütlich, bitte kommen!«

»Ich weiß, ihr habt das angenehmste Zelt. Die Zelte, die wir haben, sind einfach zu klein. Wir haben hier oben jetzt das Problem, daß wir innen kochen müssen. Draußen geht es einfach nicht mehr. Es weht zuviel Wind, und es kocht nicht. Wir müssen uns in alle Lagen stellen und legen, damit wir uns gegenseitig nicht erdrücken, damit wir überhaupt den Kocher aufstellen können. Hast du sonst noch was, Bulle, und was gibt's im Lager II Neues, was gibt's vom Officer Neues, von den Japanern, Post? Wir haben viele, viele Fragen hier oben, die ihr natürlich nicht alle beantworten könnt, aber einige kleine Hinweise hätten wir gern. Bitte kommen!«

Der Gipfelaufbau. Die Südwand des Manaslu, mit 4000 m Wandhöhe ist sie eine der größten und schwierigsten Wände der Welt.

»Hier wieder Lager II. Also, zuerst möchte ich euch in Lager III und Lager IV herzlich danken für die gute Live-Sendung, die ihr uns geliefert habt. Wir haben das alles mit Tonband aufgenommen. Jetzt werden wir uns aus dem Tonband ausschalten.«

»Lager IV, bitte melden!«

Wir erfuhren nicht viel, schliefen aber trotzdem gut. Franz stellte am Morgen begeistert fest, daß er in blendender Form war.

Am 24. April klappte alles planmäßig. Als die Sherpas kamen, hatten wir das Zelt schon zusammengelegt und die Rucksäcke gepackt. Nur den Kocher hatten wir draußen behalten, um den Trägern Tee zu bereiten. Knapp nach Mittag stiegen wir aus der Südwand auf das Gipfelplateau aus. Die letzten Seillängen wiesen blankes Eis auf, und weil der Hang dort sehr steil war, mußten wir den Sherpas helfen.

Knapp unterhalb des Gratrückens, noch in der Südseite, errichteten wir das Lager IV. Mit einem 8 mm starken Seil verankerten wir das Zelt auf dem Boden. Zehn Meter weiter oben verlief die Wasserscheide zwischen Nord und Süd. Wir hatten damit den idealen Ausgangspunkt für einen Gipfelvorstoß erreicht.

Rechtzeitig legten wir uns hin, ich kochte den ganzen Abend hindurch, draußen wehte ein kräftiger Wind. Über Funk sprachen wir nochmals in allen Einzelheiten den Gipfelplan durch. Würden wir uns um sechs Uhr früh nicht melden, so würde das heißen, daß wir bereits unterwegs waren, und dementsprechend würden dann sofort zwei von unten aufsteigen, um uns Rückendeckung zu geben.

Bulle empfahl uns noch, über dem dampfenden Teekessel zu inhalieren. Das Wetter versprach gut zu bleiben. Franz und ich aßen, soviel wir konnten. Wir tranken Tee und Ovomaltine, legten dann die Rucksäcke unter die Beine, um besser auszuruhen. Ich schlief bis zum Morgengrauen.

Ein langer Weg zum Gipfel

Am frühen Morgen, als alle anderen vermutlich noch schliefen, erhob ich mich leise und setzte den Kocher in Betrieb. Im Schlafsack zog ich die zweiten Innenschuhe an. Dann kochte ich Tee. Während der Nacht hatte es sehr viel Schnee ins Zeltinnere getrieben, der jetzt festgepreßt zwischen den Schlafsäcken lag. Ich warf einige Schollen in den Topf und suchte am Kopfende des Zeltes zwischen Kleidern und Schnee nach Brot und Marmelade. Franz steckte bis zur Nase im Schlafsack. Er hatte den kraushaarigen Kopf auf seinen Rucksack gelegt und schlief noch. Ich weckte ihn. Nach alter Gewohnheit zog er den Reißverschluß am Zelteingang auf, der Wind aber warf ihm eine Handvoll Eiskörner ins Gesicht, so daß er das Zelt schnell wieder schloß.

»Es wird schon aufhören«, sagte er. »Das Wetter ist sonst gut. Nur der Wind muß aufhören.«

Die Zeltwände flatterten, in regelmäßigen Abständen flog feiner Schneestaub durch die dreieckige Öffnung am Giebel, die wir am Abend vorher nicht genügend verhängt hatten.

»Bei diesem Wind können wir nicht gehen«, sagte ich.

»Es wird schon aufhören«, antwortete Franz, »wir können uns inzwischen fertigmachen.«

Wir schlüpften aus dem Schlafsack und zogen unsere Sachen an, die wir am Abend zuvor für den Gipfelgang zurechtgelegt hatten: einen Anorak, einen Überanzug aus beschichtetem Perlongewebe, die schweren Überschuhe, die Gamaschen.

Franz hatte die Daunenjacke anbehalten; seine Wollmütze hatte weiße Flecken, sie war voll Schnee und ein wenig zu weit. Da der Tag kalt zu werden versprach, setzte er noch eine Sturmhaube auf, die ihm das Aussehen eines Polarforschers verlieh. Den Biwaksack band er sich um Rücken und Bauch, nicht außen, sondern unter dem Anorak, damit ihn der Wind nicht wegreißen konnte. Die Reservehandschuhe stopfte er in die großen Schenkeltaschen der langen Lodenhose, die jetzt voller Kleinigkeiten waren, wie Filme, Sonnencreme und Brillen.

Wir tranken das lauwarme Wasser, das nach Wolle und Tee

schmeckte, versuchten zu essen, aber keiner hatte Hunger. Ich holte meine dünnen Wollhandschuhe aus dem Innenfach meines Rucksacks, zog sie an und öffnete den Zelteingang. Diese Spezialhandschuhe hatte mir die Großmutter gestrickt; ich hatte sie darum gebeten, weil man für große Höhen nichts Besseres mitnehmen kann.

Draußen war es schon Tag. Der Wind hatte aufgehört über das Plateau zu jagen. Schon kündigte sich hinterm Gipfel des Peak 29 die Sonne an.

Nacheinander krochen wir ins Freie. Franz schloß den Reißverschluß, während ich mir das fünfzehn Meter lange Seil auf den Rücken band. Wir wollten es mitnehmen für unerwartet schwierige Kletterstellen am Gipfelgrat. Wir trugen jetzt beide die Daunenhandschuhe über den anderen. Sie nahmen uns jede Behendigkeit. Als wir uns so vermummt und tapsig gegenüberstanden, mußten wir lachen.

Nach den langen Stunden im Zelt flößten uns die ersten Bewegungen, so unbeholfen sie auch sein mochten, Auftrieb, Selbstsicherheit, ja das Gefühl von Kraft ein.

Wir beeilten uns fortzukommen, damit wir nicht im letzten Augenblick noch aufgehalten würden. Wir legten das Zelt nieder, banden es mit Seilen fest auf den Boden, so daß es der Wind nicht fortreißen konnte, nahmen die Pickel auf und marschierten los.

Auf dem schwach ausgeprägten Grat zwischen Nord- und Südflanke blieben wir stehen. Franz holte tief Atem, es war windstill, die Luft kalt und rein! Er blickte um sich — keine Wolke am Himmel, die Welt lag unter uns. Es war der richtige Tag für den Gipfel. Franz zeigte hinüber zum Himal chuli, zum Peak 29. Die noch unsichtbare, aufgehende Sonne überzog den Himmel mit hellen Streifen.

Vor uns dehnte sich ein riesiges Schneeplateau aus, nach Osten hin leicht ansteigend, buckelige Windgangeln bedeckten die weite Fläche. Nur rechts von uns, unter den Felstürmen des Südwestgrats, versperrte ein sanfter Hügel die Aussicht. Noch dieser Rücken, und wir würden den Gipfel sehen, noch ein paar Stunden — und wir wären oben. Ja, vielleicht war wirklich hinter diesem Hügel der Gipfel!

Wir gingen jeweils fünfzig oder hundert Meter, vorbei an den zarten Spitzenrändern der Windgangeln, dann blieben wir wieder stehen, um zu verschnaufen. Der Sturm hatte den Schnee festgeblasen, so daß die Sohlen der Schuhe kaum eindrangen. Nur in Mulden und im Schatten der Windgangeln lag lockerer Pulverschnee. Hinter uns wies, noch klar erkennbar, die schmale dunkle Spur den Weg zum Zelt. Sie schien auf der welligen Fläche zu schwimmen.

Die Verhältnisse waren ideal. Das Wetter hatte so lange gehalten, daß der Wind alle Rücken blankfegen konnte. Dem Gipfelangriff stand nichts mehr im Wege. Diese Chance mußten wir nutzen!

Am Grat, weit rechts über uns, hingen leuchtende kleine Schneefahnen. Von gipfelnaher Freude erfüllt, wie sie Bergsteiger im Himalaya besonders empfinden, ging Franz hinter mir her. In den Rastpausen lächelte er mir oft strahlend zu, als wollte er sagen: Bald sind wir am Ziel. Seine Blicke eilten weit voraus, die vielen Schneeverwehungen entlang. Die Hügel und Hänge vor uns zählend, sagte er einmal: »Dahinter muß der Gipfel liegen!« Immer wieder blickte er voraus. Hinter den kahlen Schneeflächen würden sich die Gipfeltürme erheben. Seit mehr als einer Stunde schon gingen wir − Schritt für Schritt, Pause für Pause − dem Hügel zu, an dem sie hinterm Plateau auftauchen mußten. An den Rändern der Schneeverwehungen hingen jetzt scharfgezeichnete Schatten. Aus den Tälern stieg Dunst, der sich mit dem Weiß der Vorberge mischte.

Warm war es noch nicht. Aber im Schmetterlingstal mußte es jetzt bereits unangenehm heiß sein.

Hinter jedem Rücken vermuteten wir den Gipfel, aber jedesmal lagen neue Schneehänge und Rücken vor uns. Da keine klettertechnischen Schwierigkeiten zu überwinden waren und spaltenfreies Gelände vorherrschte, gingen wir seilfrei. Im Norden, über den Bergen Tibets, lag wolkenloser Himmel. Langsam wurden wir ungeduldig: noch immer kein Gipfelaufbau!

Wir hätten auf jedem erreichten Rücken verzweifeln können! Franz verwarf plötzlich seine anfänglichen Pläne und entschloß sich aufzugeben, sofort ins Ausgangslager zurückzukehren und dort im Zelt auf mich zu warten.

»Reinhold«, sagte er leise und blieb stehen, um Atem zu schöpfen. Ich wandte mich zu ihm um und sah den Verzicht in seinen Augen.

Bildunterschriften für folgenden Farbteil

Auf die klettertechnischen Schwierigkeiten im unteren Wandteil war die Nairz-Mannschaft nicht vorbereitet. Da es an Leitern fehlte, bastelten die Bergsteiger aus Holzscheiten und Kletterseilen Leitern, die es den Kletterern und den Hochträgern erlauben sollten, rasch über den schwierigen Felspfeiler auf- und abzusteigen (Bild 1+2) und den Nachschub zu sichern. Oberhalb des Pfeilers fanden Messner und Fankhauser eine Route zwischen Fels und Eis (Bild 3), die in ein gigantisches Gletschertal am Fuße der zweitausend Meter hohen Gipfelwand führte. Diese flache Strecke tauften sie Schmetterlingstal (Bild 4). Vom oberen Ende des Tales fanden die Bergsteiger eine Route, die über einen steilen Eisrücken auf das mehrere Quadratkilometer große Gipfelplateau führte. Über dieses erreichte Reinhold Messner allein den Gipfel.

Unmittelbar nach der Gipfelbesteigung brach ein Schneesturm los, der mehrere Tage lang anhielt. Franz Jäger und Andi Schlick kamen in diesem Sturm auf dem großen Plateau ums Leben. Horst Fankhauser und Reinhold Messner suchten vergeblich nach den beiden, stiegen mit erfrorenen Händen und Füßen bei extrem hoher Lawinengefahr ab und schleppten sich mit Hilfe der Expeditionskameraden durch das Schmetterlingstal (Bild 5) zurück ins Basislager. Von dort setzte sich eine Woche später eine kleine Trägerkolonne in Bewegung, die einem Begräbniszug gleich (Bild 6) den Rest des Expeditionsgutes zurück ins Tal trug. Unten in den Dörfern (Bild 7) munkelten die Bauern, die Götter hätten die Bergsteiger bestraft. Der Manaslu ist für die Einheimischen ein heiliger Berg.

1△

2▽

3 △

4 ▽

5 △   6 ▽   7 ▷

»Ich gehe zurück«, sagte er entschlossen, »heute kommen wir sowieso nicht mehr zum Gipfel.«

»Es kann nicht mehr weit sein«, versuchte ich ihn aufzumuntern.

»Das denken wir schon seit drei Stunden«, antwortete er.

»Bist du müde?« fragte ich.

»Nein, das nicht, aber ich will nicht biwakieren, ich gehe lieber rechtzeitig zurück zum Zelt.« Er beharrte auf seinem Entschluß.

»Ich will auch auf keinen Fall biwakieren. Aber noch haben wir Zeit, viel Zeit bis zur Dämmerung.«

»Geh du allein weiter, du bist schneller, vielleicht kommst wenigstens du hinauf!«

»Und du?«

»Ich gehe allein zurück, ich warte im Zelt auf dich.«

Es war am späten Vormittag. Wir standen gerade unter den beiden ersten Steilaufschwüngen.

Da zwischen Lager IV und uns nur Gehgelände war, überhaupt keine Absturzgefahr bestand und das Wetter gut zu bleiben versprach, zweifelte keiner von uns beiden auch nur einen Augenblick daran, daß Franz allein ins Lager zurückkommen würde. Er war in guter körperlicher Verfassung, bestens ausgerüstet und hatte eine Gradeausspur, die leicht abwärts zum Zelt führte.

»Ich gehe noch, soweit ich kann. Wenn ich in den ersten Nachmittagsstunden nicht oben bin, steige ich ab, ich komme schon rechtzeitig zurück«, sagte ich.

»Mach's gut!«

»Du auch.«

Ich wandte mich dem Hang zu.

»Ich werde unten für dich Tee kochen«, rief Franz noch, nachdem er einige Meter hinuntergegangen war.

Er ging abwärts, ich aufwärts, eine Zeitlang sahen wir uns noch. Er ging neben der Spur, der er im Aufstieg Tritt für Tritt gefolgt war, und gelangte auf den sanften Rücken mit dem Rastplatz, wo er vor zwanzig Minuten hoffnungsvoll angekommen war, überzeugt, den Gipfel zu sehen.

Dieser plötzliche Verzicht auf den Gipfel, worauf war er zurückzuführen?

Im Winter, als die Teilnahme von Franz an der Expedition in Frage stand, hatte ihn der Gedanke an einen Achttausender-Gipfel fast verrückt gemacht. Aber jetzt, trotz der dünnen Luft, hatte er die Kraft zu verzichten. Rechtzeitig abzusteigen bedeutete soviel wie Zeitgewinn, Sicherheit.

Franz querte den Rücken. Er setzte sich hin und schaute herauf zu mir, er winkte. Ich war stehengeblieben, um zu rasten. Wie klein er jetzt war!

Ich stieg langsam weiter und überlegte, wieviel Stunden für den Rückmarsch wohl notwendig waren: zwei vielleicht, höchstens drei. Ich hätte gern gewußt, wie der Gipfelgrat aussah, ob er im Alleingang möglich war. Aber die Hänge versperrten die Aussicht nach oben, und ich hatte Mühe, einen gleichmäßigen Schritt zu halten. Plötzlich jedoch lagen Felsen über mir. Ich setzte mich und schaute die Hänge zurück, wollte Franz begeistert zurufen. Ich sah ihn gerade noch, weit weg, ganz klein, dann verschwand er hinter dem Rücken.

Nach vier weiteren Schnaufpausen erreichte ich den Südwestgrat. Ein Felsturm stand vor mir, man konnte sich jedoch gut vorstellen, daß dahinter noch einer war.

An der Gratschneide wehte ein scharfer Wind. Er trieb einzelne Nebelfetzen vor sich her. Ganz feiner Schneestaub klebte an den abschüssigen Platten. Unter einem Überhang bog ich nach links in die Nordseite. Hier war es windstill. Steil fiel die Wand unter mir ab, weiter unten stand ein schroffer Felsturm, das war der Pinnacle! Alle Türme am Grat – es waren sehr viele – lagen schräg und wiesen nach Osten.

Nachdem ich eine Zeitlang zwischen Fels und Schnee geklettert war, betrat ich eine Scharte. Wieder jagte der Wind von Süden her, die Wand dort fiel fast senkrecht ab.

Eine scharfe Firnschneide führte hinauf auf ein Felsriff. Das mußte der Gipfel sein! Ich setzte mich in der Scharte nieder. Von hier aus konnte ich den letzten Teil des Grates gut überblicken. Er war sehr steil, doch an keiner der beiden Flanken ergab sich ein leichter Anstieg. Ich kletterte langsam und vorsichtig, rastete öfter als bisher. Jetzt stand ich, noch etwas unsicher, auf der Felskanzel und sah abermals, mäßig ansteigend, einen Grat vor mir. Dieser kurze Gratteil sollte mich nicht abhalten, den höchsten Punkt zu erreichen.

Währenddessen war der Wind stärker geworden, die Luft war eisig, und im Süden hing eine düstere Wolkenbank. Ich hätte nichts dagegen gehabt, eine Weile zu rasten, doch hier am Grat konnte ich nicht sitzen, nicht einmal bequem stehen.

Ich paßte mein Tempo den Schwierigkeiten und der dünnen Luft an, ging also nur mehr zehn Schritte, ohne zu verschnaufen.

Und da sah ich hinter dem Grat einen Felszahn, fünf oder sechs Meter hoch, eine Hälfte dunkel, eine Hälfte hell, wie eine längsgeteilte Pyramide. Der Gipfel − einen so sonderbaren hatte ich noch nie im Leben gesehen!

Ich kletterte an der Südseite, die Füße auf einer Felsleiste, den Pickel im Firngrat. Vielleicht lag es am nahen Gipfel, daß ich jetzt keine Müdigkeit mehr empfand? Jedenfalls fühlte ich mich sicher und klar bei Verstand.

Da entdeckte ich eine Scharte, die so breit war, daß sie den Grat vom Gipfelturm trennte. Ich mußte, als ich in die Scharte abkletterte, einige Felsbrocken abtreten und doppelt vorsichtig sein.

Die letzten Meter zum Gipfel waren schwierig. Der Fels war kleinsplittrig und steil. Und da sah ich mitten im Gipfelturm einen Haken, einen krummen, rostigen Haken von etwa 15 Zentimetern Länge. Weiter oben steckte ein zweiter, wesentlich fester, auch dieser mit Ring. Einige Stoffreste hingen daran. Ich hielt mich an ihm fest, zwei, drei Schritte noch, dann stand ich oben.

Da sich von Süden her ein Wettersturz ankündigte, blieb ich nur wenige Minuten.

Ich baute einen Steinmann, fotografierte, schlug einen der beiden Haken heraus, und steckte ihn in die Tasche. Ich war nicht müde, aber die Wolkenbank im Süden und der starke Wind mahnten zum Abstieg. Ich mußte das Zelt erreichen, bevor die Nacht kam. Eine Handvoll Steinchen nahm ich noch auf, für die Kameraden, die unten auf mich warteten.

In der Scharte drehte ich mich noch einmal um und schaute zurück: Ein Felszacken, einige Nebel, ein Häufchen Steine − das also war der Gipfel. Knapp darunter ein Haken und Fetzen einer gewesenen Flagge. Ringsum Himmel, im Süden schwere, aufgedunsene Wolken, die an den Gipfeln klebten. Der Wind jagte sie weiter, näher, immer weiter nach Norden, über den Gipfel des Manaslu hinweg.

Sturm

Der Abstieg verlief anfangs reibungslos und rasch. Ich kletterte über die Aufstiegsroute zurück. Plötzlich und unerwartet kamen Nebel und Schneesturm auf. Der weitere Abstieg wurde zum Wettlauf mit dem Tod. Während ich mich zurückkämpfte, vermutete ich Franz in Sicherheit, im Zelt von Lager IV.
Solange es steil abwärts ging, konnte ich mich ausgezeichnet orientieren. Da war ein Felsturm, dort ein blauschimmernder Eishang, unten mußte ich zwischen einigen Schneetürmen durch.
Vom Aufstieg her hatte ich jede Einzelheit der Route im Kopf, so daß ich jetzt auch ohne Spur den Weg nicht verfehlte.
Den Windanzug hatte ich mit dem Eispickel zerfetzt, um nicht zu rutschen, wenn ich hinfiele.
Bald steigerte sich der Schneesturm zum Orkan, es war unmöglich, mit Brille zu gehen. Mund und Augen vereisten, die Lage schien hoffnungslos.
Das Plateau war jetzt flacher, der Sturm drohte mich auf den Boden zu werfen, die Augen brannten. Ich ging immer noch geradeaus, aber die Schneefläche nahm kein Ende. Wo war das Zelt?
Ich ging, aufwärts, abwärts, quer zum Hang, ich ließ mich vom Wind treiben, kam an eine spiegelnde Eisfläche, die in den Morgenstunden beim Aufstieg noch nicht da war. Überhaupt war jetzt alles verändert, die Schneeverwehungen, die Rücken, nirgends eine rettende Felsinsel. Ich ging gegen den Sturm, rücklings, gebückt, zum Umfallen müde.
Teilweise lag jetzt der Schnee bereits knietief. Wenn der Sturm von der Seite kam, warf er mich um.
Ich kroch. Ich kroch über das Plateau, nein, kein Plateau, eher ein Kessel. Aus dem Nebel jagten spitze Eiskristalle und Schneestaub daher, zuweilen trafen sie mein Gesicht, und immer in die Augen, so daß ich nichts mehr sehen konnte. Ich kroch und fühlte die Schwere des Körpers, die mich zu Boden drückte. Erst dachte ich, es sei der Sturm, der mich nicht hochkommen ließ. Aber es war die Müdigkeit, es waren die Beine, die so schwer geworden waren.

Ich fühlte den müden Körper und schleppte ihn weiter, wie nach schwerer Krankheit. Ich meinte, bei diesem Sturm nie mehr auf die Beine kommen zu können, aber es konnte nicht mehr weit sein. Die Hauptsache war, jetzt nicht aufzugeben, ich mußte das Zelt finden. Ich atmete tief durch, erholte mich in den Rastpausen relativ schnell. Plötzlich stand ich wieder. Die Beine hoben sich, der Oberkörper blieb immer noch gebückt.

Ich ging mit dem Rücken gegen den Wind. Ohne zu zögern, ohne zu denken. Ich mühte mich vorwärts, geradeaus, nach links, nach rechts, schwankte, tappte mit den Füßen ins Leere, fand wieder festen Boden, stand, verschnaufte . . . Ich stöhnte auf, begann, in die andere Richtung zu gehen.

Das Plateau nahm und nahm kein Ende, kein Zelt war zu erspähen.

Erst als ich öfter an dieselbe, glattgefegte Eisfläche kam, wußte ich, daß ich im Kreis ging. Meine Verzweiflung wuchs. Ich wußte nicht, wo ich war, vermutete mich immer noch in nächster Umgebung des Zeltes, in einem Umkreis von höchstens 500 Metern Durchmesser. Und trotzdem fand ich es nicht. Ich ging seit Stunden, wußte aber nicht, wohin.

Die ganze Zeit über jagte der Orkan Eiskörner vor sich her, warf sie mir ins Gesicht, die Haut brannte. »Weitergehen«, hämmerte es in meinem Kopf. So aussichtslos war es mir im Leben noch nie erschienen. Aber am schlimmsten würde es sein, hier in diesem Kessel liegen zu bleiben, ohne je wieder hinauszugelangen, hier zu sterben . . .

Plötzlich hörte ich jemand meinen Namen rufen. Ich blieb stehen und lauschte. Nichts mehr! War es eine Sinnestäuschung? Nein, da wieder, ganz deutlich: »Reinhold!«

Ich war so aufgeregt, daß meine Stimme zitterte.

Es war Franzens Stimme, ich erkannte sie genau, er schien vor dem Zelt nach mir zu rufen.

»Franz«, schrie ich, »ich bin da!« Mir war völlig klar, daß er mit dieser Ortsangabe nichts anfangen konnte.

»Franz!« rief ich nochmals.

Er gab keine Antwort.

»Hallo!«

Wieder blieb es still. Nur der Sturm heulte, und die Stoffetzen, die von meinem Körper hingen, flatterten.

Ich geriet in Panik. Natürlich, hier irgendwo in der Nähe lag das Zelt, ich mußte mich beeilen, beeilen ...

Und ich hetzte vorwärts, bog um mannshohe Schneemauern – solche Windverwehungen hast du noch nicht gesehen! – die Blicke eilten voraus, aber die Beine kamen nicht nach. Ich war so müde, verzweifelt müde! Da sah ich einen dunklen Haufen im Schnee. Sofort dachte ich: Da ist es. Ich wollte darauf zurennen, aber die Beine versagten, der Brustkorb drohte zu zerspringen. Erschöpft ließ ich mich in den Schnee fallen.

Ich hatte keine Luft mehr, um rufen zu können, kraftlos und keuchend lag ich da, das Zelt nicht aus den Augen lassend.

»Franz!« rief ich nach einer Weile.

»Fra-anz!« Und später:

»Hallo!«

Warum antwortete er nicht?

Ich robbte auf das Zelt zu – wenn er nur herauskäme ... Näher ... näher ... und endlich war ich dort! – Ein spitzer Schneehaufen!

Da lag ich und wollte aufgeben, ein Schneeloch graben, mich einbuddeln. Plötzlich fiel mir Uschi ein, wie lieb ich sie hatte. »Uschi«, flüsterte ich, »Uschi, ich lieb' dich so.« Dann stand ich auf und suchte weiter. Von mir aus hätte ich nicht die Kraft gehabt, aufzustehen.

Ich war so unterkühlt, daß es mich am ganzen Körper schüttelte. Aber als ich zurückging, merkte ich verwundert, daß ich gar nicht mehr so müde war. Die Schneefläche unter meinen Füßen war jetzt auf seltsame Weise unbestimmbar, so daß ich öfter ins Leere tappte. Alles um mich herum war unbestimmbar, ich konnte höchstens acht Meter weit sehen.

Ich ging fast gedankenlos. Plötzlich erschrak ich, glaubte, wieder Rufe gehört zu haben. Ich drehte mich im Kreis, lauschte in alle Himmelsrichtungen. Und da, deutlicher als vorher: es hatte jemand gerufen.

»Reinhold!« Wieder war es Franz.

»Hallo!« rief ich, so laut ich konnte.

»Reinhold!«

»Franz«, bat ich ihn, »bleib du stehen und rufe in regelmäßigen Abständen, sonst finde ich das Zelt nicht.«

Keine Antwort. Nur einmal noch hörte ich ihn meinen Namen

rufen. Wieder fand ich ihn nicht. Später begann ich um Hilfe zu rufen, aber niemand hörte mich. Ich blieb lange an derselben Stelle und rief in regelmäßigen Abständen. Der Sturm aber muß alle meine Rufe geschluckt haben.

Ich war jetzt nicht mehr verzweifelt – am liebsten hätte ich mich hingelegt, um zu schlafen. Da fiel mir ein, wo ich Franzens Stimme am deutlichsten gehört hatte – auf dem Rücken, bei der glattgefegten Eisfläche. Ich ging rasch aufwärts, fand aber den Platz nicht, erkannte nichts wieder. Es gab kein klares Aufwärts mehr, nur diese Schneefläche um mich, deren Umkreis sich zusehends verkleinerte. Der Sturm nahm zu, von Minute zu Minute . . .

Und wieder konnte ich Franzens Stimme hören. Sie mußte aus dem Zelt kommen, er will mich einweisen, dachte ich. Nur in den Sturmpausen hörte ich Wortfetzen, meinen Namen, wieder antwortete ich und rief den seinen, wieder wartete ich auf eine Antwort, die nie kam. Ich irrte planlos auf dem großen Plateau umher, rastete . . .

Damals dachte ich, ich würde sterben. Ich saß im Schnee, den der Sturm unter mir wegriß. Ich war so müde, daß ich aufgehört hatte zu gehen, das Zelt zu suchen. An Wangen und Nase klebten Schnee und Blut. Den Bart, an dem zentimeterlange Eiszapfen hingen, hatte ich mir teilweise ausgerissen, um noch atmen zu können. Ab und zu glaubte ich, ich würde vor Durst ersticken. Ich öffnete die zerrissenen Lippen und träumte von einem Schluck heißen Tee. Dann sah ich gedankenverloren auf die winzige Schneefläche, die im Schneesturm noch zu sehen war. Die Nacht kam, man merkte es an dem dicken grauen Nebel, der mit Schnee gemischt war. Wie ein Käfig stand er um mich.

»Uschi«, hauchte ich zwischendurch, »liebe Uschi!«

Als der Sturm ein wenig nachließ, wälzte ich mich zur Seite, stemmte eine Faust in den Schnee und stand auf. Ich ging wieder – heute noch weiß ich nicht, wo und wohin.

Bei der nächsten Rast faßte ich einen klaren Gedanken, dem ich heute mein Leben verdanke.

Wieder saß ich am Rand einer Windgangel, Blut tropfte aus dem Bart in den Schnee. Da kam mir die Idee, gegen den Sturm zu gehen, immer gegen den Sturm. Nur so konnte ich aus diesem Käfig entkommen, in dem ich im Kreise ging.

Lager IV, 7400 m. Der Schneesturm hat nachgelassen, die Freunde liegen unter einer 2 m hohen Neuschneedecke begraben.

Der Wind kommt von Süden, dachte ich, Wetterstürze kamen am Manaslu immer von Süden. Das war mir während der Expedition aufgefallen. »Wenn ich also gegen den Wind gehe«, dachte ich, »muß ich in die Südwand hinunterkommen.«
Natürlich wußte ich, daß ich bei diesem Schneesturm niemals hätte die Südwand absteigen können. Das wollte ich auch nicht. Unser Zelt stand am Plateau, wenig oberhalb des Ausstiegs aus der Südwand. Senkrecht zur angenommenen Windrichtung, links und rechts vom Zelt waren Felsen, die einzigen auf weiter Fläche. Daran erinnerte ich mich. Wenn ich die finde, dachte ich, muß das Zelt dazwischen liegen.
Mochte der Sturm noch so wüten, ich würde nicht aufgeben, bevor es Nacht war. Wirklich, nun tappte ich rückwärts, tastete die Fläche ab, blieb wieder im Schnee stecken. Lang ging ich mit dem Rücken gegen den Sturm, gebückt, nach Luft ringend.

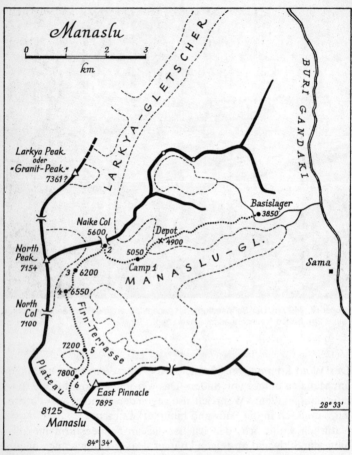

Das Plateau links unter dem Gipfel des Manaslu wäre auch Reinhold Messner beinahe zum Verhängnis geworden. Den Abstieg über den Normalweg (. . . = Route 1956) hatte er im Sturm nicht finden können.

Plötzlich kam ich zum Südwandabbruch, ging zurück zum Grat, fand die Felsen, ging die Strecke dazwischen zweimal, dreimal, beim viertenmal sah ich das Zelt.

»Franz!« rief ich, als ich nur noch wenige Meter entfernt war. »Ich bin da!«

130

Etwas rührte sich. Dort war also der Eingang. Da stand wirklich das Zelt!

Ich war so froh, daß ich laufen wollte, doch die Füße blieben im Schnee stecken, ich fiel hin. Jemand half mir auf die Beine, er stützte mich, und als ich sein Gesicht neben dem meinen sah, fragte ich:

»Bist du es, Horst?«

»Ja, ich bin es, der Horst!« antwortete er.

Ich hatte ihn nicht sofort erkannt. Einige Schritte noch führte er mich zum Zelt, half mir hinein. Mit dem Kopf voraus kroch ich durch den engen Schlitz. Andi begrüßte mich. Schnee lag auf den Daunensäcken.

Furchtbar aber war, daß Franz nicht im Zelt lag. Ich meinte, er müßte drin sein, er müßte schon seit Mittag da sein. Stunden vor dem Sturm mußte er im Lager IV angekommen sein, er hatte doch nach mir gerufen.

Als ich im Zelt lag, begann Andi mich abzureiben, mir den Schnee vom Gesicht zu pflücken. Dann hielt er mir einen Becher voll warmen Tee an den Mund. Ich konnte nicht trinken, auch nicht sprechen, es schüttelte mich am ganzen Körper, der Atem ging schnell und unregelmäßig.

»Ist der Franz nicht da?« brachte ich hervor.

Andi schüttelte den Kopf.

»Ich habe ihn doch rufen hören, hier ganz in der Nähe!«

»Wann und wo genau?« wollte Horst wissen, der noch am Zelteingang stand.

»Öfter und nur da am Plateau, seit Stunden schon suche ich nach dem Zelt.«

»Ich will einmal schauen!« rief Horst draußen und ging.

Wenig später kam er zurück.

»Es stimmt«, sagte er, »ich habe ihn auch rufen hören!«

»Wo?« fragte Andi.

»Da oben, am Plateau, er ruft ›Reinhold‹, ich habe mich nicht getäuscht.«

Als ich angekommen war und von den Rufen erzählte, meinte Horst, es könnten auch Halluzinationen gewesen sein. Jetzt aber war er fest überzeugt, daß Franz draußen im Schneesturm rief.

Andi und Horst machten sich sofort fertig für eine Suchaktion. Sie sprachen nicht weiter darüber, für sie war es selbstverständ-

Das Pfeilerlager nach dem Schneesturm. Alle Lager wären beinahe zusammengebrochen.

lich, Franz zu Hilfe zu kommen − trotz Nacht und Schneesturm, trotz Kälte und Höhe.

Sie zogen sich alles an, was sie hatten.

»Vergiß den Biwaksack nicht«, sagte ich noch zu Andi, bevor er hinausging.

»Wir werden bald wieder da sein«, hörte ich draußen einen der beiden sagen, dann nichts mehr, der Sturm heulte.

Kurz darauf unterbrach das Piepsen im Funkgerät die eisige Stille im Zelt.

»Lager IV, bitte melden!«

Es war Bulle, der sich von Lager II meldete.

»Vor etwa zehn Minuten bin ich allein hier eingetroffen, in ganz schlechter Verfassung, weil ich wenigstens fünfmal um das Zelt herumgelaufen bin, um es zu finden. Hier ist ein furchtbarer Schneesturm, auf dem großen Plateau war es unmöglich, sich zu orientieren. Während des Abstiegs – im letzten Teil – habe ich öfters Franz rufen hören; er ist weit vor mir abgestiegen, weil er auf den Gipfel verzichtet hat. Er muß sich verloren haben und hat anscheinend das Zelt noch nicht gefunden. Horst ist vorhin hinauf und hat ihn rufen hören. Andi und Horst, die vor etwa einer Stunde hier eingetroffen sind, sind jetzt aufgestiegen, um ihn zu holen . . . hoffentlich finden sie ihn bald. Bitte kommen!«

»(Husten) Reinhold, zuerst wollen wir mal hoffen, daß ihr da oben den Franz möglichst bald bei euch habt. Und als nächstes freuen wir uns natürlich alle wahnsinnig, daß du den Gipfel geschafft hast. Wie geht es dir?«

»Ich bin ein bißchen unterkühlt, weil ich schon drei Stunden das Zelt suche. Ich war nicht einmal sicher, daß ich es heute noch finde. Mit viel Geduld und meinem Orientierungsvermögen habe ich schließlich zwei Steine gefunden und mich nach ihnen ausgerichtet, so bin ich hierhergekommen. Es war aussichtslos, mit Kompaß zu arbeiten, weil ja keine Karten da sind. Wir sind relativ spät aufgebrochen, da es in der Früh' stürmte. So mußte ich in sechs Stunden mehr als achthundert Höhenmeter machen, um den Gipfel zu erreichen. Ich habe den Gipfel erreicht, allerdings gab es Nebel und nur schlechte Fotomöglichkeit. Dafür habe ich einen Japanerhaken am Gipfel gefunden und den fotografiert, einen zweiten herausgeschlagen und als Gipfelzeichen mitgenommen. Ich bin dann abgestiegen. Franz war schon lange vor mir abgestiegen, viele Stunden vor mir. Ich habe einen Handschuh von ihm gefunden, und als ich ihn immer wieder rufen hörte, nahm ich mit Sicherheit an, er sei bereits im Zelt. Als ich hier eintraf, war er aber nicht da. Das schockierte mich sehr. Nachdem ihn Horst eben vor fünf Minuten wieder rufen gehört hat, sind die beiden aufgestiegen, um ihn herunterzutragen. Ich hoffe, sie können ihn in einer halben Stunde herbringen. Um acht Uhr spätestens will ich wieder mit euch Funk aufnehmen. Ich habe jetzt eine Lampe vors Zelt gehängt, damit das Zelt leichter zu finden ist. Bitte kommen!«

»Reinhold, wie geht es deinen Füßen? Bitte kommen!«

»Meinen Füßen geht's ausgezeichnet, ich habe garantiert keine Erfrierungen, auch an den Händen nicht. Ich hatte Angst, daß ich die Nase erfroren habe, aber auch die ist wieder warm. Ich habe meinen halben Bart ausgerissen, weil Schneezaggeln und Eis daran hingen, aber das macht nichts. Ich bin nur etwas unterkühlt. Wenn ich jetzt einen halben Liter Tee trinke, werde ich schon wieder in Ordnung sein. Bitte kommen!«

»Reinhold, das ist wunderbar. Hoffen wir, daß der Franz auch bald kommt und man ihm gleich helfen kann. Wann sollen wir wieder rufen? Um acht Uhr, also in zirka einer dreiviertel Stunde? Bitte kommen!«

»Ja, in einer halben bis dreiviertel Stunde. Ich werde gleich, wenn er da ist, versuchen, ob ihr unten horcht, und werde euch berichten, wie es ihm geht. Es ist nur wichtig, daß der Franz kommt, dann ist alles gut. Wie geht es euch unten? Bitte kommen!«

»Uns geht es sehr gut, überhaupt jetzt. Wir bleiben einfach auf Empfang und du fängst an zu piepsen, wenn du was Neues hast. Ende von uns aus, bitte kommen!«

»Ja, einverstanden, in zehn bis fünfzehn Minuten hoffe ich, daß der Franz da ist, und dann piepse ich wieder.«

Andi Schlick

Ich bleibe auf Empfang

Nach diesem Funkspruch waren die Freunde im Lager II zugleich glücklich und betrübt – betrübt und besorgt, da Franz nicht zurückgekommen war. Die Sorgen waren jedoch noch nicht so groß, weil Andi und Horst in guter Verfassung waren. Wir alle glaubten, daß sie Franz bald gefunden haben würden.
Ich wartete vergeblich, 30 Minuten, 45 Minuten, eine Stunde. Sie kamen nicht.
Immer wieder kroch ich aus dem Zelt, um zu rufen, um ihnen Orientierungshilfe zu geben. Dabei entfernte ich mich nur bis zu fünf Metern vom Lager IV, so daß ich es in den Umrissen noch sehen konnte.
Ich war verzweifelt, erschöpft und fror. Im Zeltinneren lag bereits eine Spanne tief Schnee. Die Lampe, die ich vor den Eingang gehängt hatte, mußte ich alle zehn Minuten entkrusten, weil das Licht sonst nur matt durch die Schneeschicht schien.
Jede halbe Stunde meldete sich Wolfi von Lager II. Immer noch konnte ich ihm keine Antwort geben. Wir erwogen alle Möglichkeiten, hofften, daß die anderen sich in einem Schneeloch verschanzt hätten. Zu dritt könnten sie sich gegenseitig wärmen.
Wir überlegten, warum Franz nicht im Zelt gewesen war, als ich im Lager IV ankam, und fanden nur zwei Antworten: Franz hatte das Zelt erreicht, es aber wegen des Schneesturms später wieder verlassen, in der Hoffnung, mich einweisen zu können. Dabei mußte er die Orientierung verloren haben und irrte nun – wie ich vorher – planlos auf dem großen Plateau umher.
Eine zweite Möglichkeit bestand nur darin, daß Franz beim Abstieg auf mich warten wollte, wie seinerzeit Kempter auf Buhl am Nanga Parbat und daß er dann vom Sturm überrascht wurde.
Wieder meldete sich Wolfi:
»Hast du schon etwas gegessen, bitte kommen!«
»Ich habe einen Schluck Tee gekriegt, als ich kam. Das Zelt ist voll Schnee, ich finde mich nicht zurecht. Bitte kommen!«
»Hast du in der Zwischenzeit einmal versucht zu rufen, oder geht zuviel Wind oben. Bitte kommen!«

»Jetzt geht viel zuviel Wind, da müßte ich wieder hinausgehen. Ich habe es schon früher immer wieder versucht, vergeblich, und das Zelt ist jetzt völlig eingeschneit. Im Moment hat es keinen Sinn zu rufen. Bitte kommen!«

»Jetzt können wir nur hoffen, daß alle drei im Biwaksack sitzen. Willst du weiterhin auf Empfang bleiben und so vor dich hinschlafen, ich rufe dich später noch einmal, bitte kommen!«

»Ja, ich schlafe allerdings nicht, ich liege nur da. Du kannst mich jederzeit rufen. Bitte kommen!«

»O.K., ich werde dich dann später noch einmal rufen. Hier sind wir sehr beschäftigt, der Bulle muß gerade wieder Sauerstoff nehmen, den hat's heute schwer erwischt, aber jetzt ist er wieder halbwegs auf dem Damm. Bitte kommen!«

»Ich habe noch eine Frage: Ist es möglich, daß morgen Sauerstoff nach Lager IV kommt – eventuell? Bitte kommen!«

»Nach Lager IV ist es schwierig, weil ja ziemlich viel Schnee liegt. Es hat bei uns in Lager II bereits einen halben Meter, und da ist es von unten hinauf natürlich gefährlich. Bitte kommen!«

»Ich wußte gar nicht, daß das Wetter unten so schlecht ist. Das ist natürlich schlimm, wenn es soviel geschneit hat in der Nacht oder im Lauf des Nachmittags. Wer ist vorläufig in Lager III? Bitte kommen!«

»Josl, Urkien, Pasang und Agnya, oder wie er heißt. Ich war auch oben, ich bin mit Josl hinauf, aber Bulle war so schlecht beisammen, daß ich mit Ang Tsering und Bulle wieder herunter bin. Es war höchste Zeit für Bulle. Es war ein . . . was war's? . . . (Stimme im Hintergrund: Ödem) . . . ein Höhenlungenödem. Das kann in dieser Höhe sehr gefährlich werden. Hier unten hat er sich sehr schnell wieder erholt. Bitte kommen!«

»Dann ist es in diesem Fall besser, wenn er unten bleibt, damit er sich so schnell wie möglich kuriert. Also, Ende bis zum nächsten Ruf!«

»Nein, halt, Reinhold, bist du noch am Apparat?«

Das war die Stimme von Bulle.

»Ja, ich bin noch am Apparat.«

»Wir wissen ja nicht, wie es Franz und den anderen geht, aber wenn irgend möglich, müßt ihr auf irgendeine Art morgen ins Lager III herunterkommen, ich weiß auch noch nicht, wie wir das praktisch machen werden. Aber Wolfi und ich steigen jedenfalls in der Frühe wieder nach Lager III auf und richten dort alles her. Wie weit ihr selbst von Lager IV herunterkommen könnt, kann man, glaube ich, jetzt noch nicht entscheiden, das müssen wir morgen in der Früh' besprechen. Bitte kommen!«

»Ich selbst komme ohne weiteres hinunter, glaube ich wenigstens. Aber wie es mit dem Franz gehen wird, wie wir den hinunterkriegen, weiß ich noch nicht. − Wenn's ganz schlimm wird, müssen wir ihn vielleicht hinunterseilen. Dabei brauchen wir vielleicht einige Sherpas, bitte kommen!«

»Das ist klar. Das werden wir morgen früh beim Aufstieg besprechen. Es besteht auch noch folgendes Problem: Der Andi hat mir schon, wie er oben war, geklagt, daß er weiße Füße hat. Wenn er jetzt die ganze Nacht draußen ist, ist das auch nicht so günstig. Beim Horst weiß ich nichts, von dem habe ich bisher noch nichts gehört. Aber das werden wir ja dann sehen. Nach Möglichkeit sollten alle nach Lager III herunterkommen, daß man eine entsprechende Behandlung machen kann. Einverstanden?«

Dann war wieder Wolfi am Apparat.

»Reinhold, du kannst inzwischen ruhig weiterschlafen, ich werde dich in einer halben, dreiviertel Stunde noch einmal mit dem Piepser wecken und fragen, was es Neues gibt. Bitte kommen!«

»Verstanden, dann bleibe ich auf Empfang. Ende.«

»O.K., Ende!«

Ich lag im Zelt, bemüht, den Kopf zuzudecken, so daß der Schnee, der durch das Fensterloch hereingepreßt wurde, mein Gesicht nicht treffen konnte. In Gedanken war ich bei Franz, Andi und Horst, draußen in der Sturmnacht.

Gegen Mitternacht rief mich Wolfi wieder.

»Nichts Neues«, sagte ich.

Der Sturm jagte die ganze Nacht über das Hochplateau, verwehte Felsen, grub Eistürme aus, füllte Mulden und erstickte alles. Es fiel so viel Schnee, daß die Hochfläche am Morgen völlig verwandelt war, daß das Zelt kaum noch herausschaute.

Nachdem Franz, Andi und Horst Stunde um Stunde ausgeblieben waren, hatten wir angenommen, alle drei säßen im Biwaksack in einem Schneeloch. Sie würden bis zum Morgen warten,

Abstieg nach dem Schneesturm. Zwei fehlten.

um dann leichter zum Zelt zurückzufinden. Bis zwei Uhr früh waren wir stündlich in Funkverbindung.

Am Morgen kam Horst ins Zelt zurück, allein. Unsere schlimmsten Befürchtungen waren wahr geworden.

Einer überlebte

Als Horst am Morgen allein vor dem Zelt stand, konnte ich nicht ahnen, was in dieser Nacht geschehen war. Das Wetter schien besser zu werden. Der Sturm hatte nachgelassen, aber er heulte immer noch.
Horst ließ sich ins Zelt fallen. Ich schüttelte ihn mit aller Kraft, schrie ihm ins Ohr, hielt ihm einen Becher mit heißem Tee hin. Doch er vermochte nicht zu trinken. Kurz darauf − Horst hatte den Reißverschluß zugezogen − merkte ich, daß er sehr traurig war.
Dann begann er zu erzählen. Sein schneeverklebtes Gesicht sah dabei müde aus, seine Augen waren rot . . .

Nachdem Andi und Horst das Zelt verlassen hatten, um nach Franz zu suchen, marschierten sie Richtung Manaslu-Gipfel. Im Moment war der Sturm erträglich geworden, und wieder hörten sie Franzens Stimme. Sie hörten seine Rufe, konnten ihn aber nicht finden. Nach kurzer Zeit steigerte sich der Sturm wieder, die Gesichter der beiden waren vereist, an eine Rückkehr ins Lager dachten sie vorerst nicht.
Ihrem Gefühl nach waren es einige Stunden, die sie aufwärtsgingen. Wegen des immer stärker werdenden Sturms hatten sie inzwischen die Rufe von Franz verloren, und als sie jetzt ins Lager IV zurückkehren wollten, war dies unmöglich. Der Sturm und die hereinbrechende Nacht vereitelten es. Ihre einzige Chance, in diesem Inferno zu überleben, war eine Schneehöhle.
Um ihre Körper einigermaßen gegen die Naturgewalt zu schützen, gruben sie sich ein Loch im Schnee. Drinnen war die beißende Kälte ein wenig erträglicher. Horst massierte Andi, um ihn zu wärmen. Trotzdem drängte Andi immer heftiger, das Zelt zu suchen. Vergeblich versuchte Horst, ihn von diesem gefährlichen Unternehmen abzubringen. Andi litt schon ziemlich an Kältezuständen. Nach geraumer Zeit, in der Horst Andi versorgte, ihn massiert hatte, bat Andi ihn, mit ihm Lager IV zu suchen. Andi sehnte sich nach Tee und dem wärmenden Schlafsack. Nach län-

gerem Drängen erst gab Horst nach. Sie verließen die Schneehöhle, gingen hinaus in den immer gleich wütenden Sturm. Mitt-
lerweile hatten sie die Orientierung vollkommen verloren. Dazu
kamen der brennende Schmerz im Gesicht, das Reißen des Windes an den Kleiderfetzen, ihre vereisten Bärte und die mit Eis-
körnern verklebten Augen, die offen blieben, ohne zu sehen.
Nach langem, verzweifeltem Umherirren erkannte Horst, daß
ein Weitersuchen ihr sicheres Ende bedeuten würde.
Abermals überredete Horst Andi, in eine Schneehöhle zu kriechen und dort den Morgen abzuwarten. Andi gab seinem Drängen nach, und so gruben sie die zweite Schneehöhle, denn die erste konnten sie nicht mehr finden. Mit letzter Kraft wühlte Horst
im Schnee. Es kostete ihn übermenschliche Anstrengung. Sie
verkrochen sich in der Höhle, und wieder versuchte Horst, Andi
mit seinem Körper Wärme zu spenden. Andi war vollkommen
apathisch, mitgenommen durch die Schrecken der letzten Stunden.
Ungefähr zwei Stunden verbrachten sie in dem eisigen Loch.
Horst betreute Andi nach wie vor − er war immer noch äußerst
schwach und ziemlich unterkühlt. Einmal sprach Andi von Hildegard, seiner Frau, dann wieder von den Sherpas. Er bebte. Wie
in einer Traumerinnerung sah er die Sherpas vor dem aufsteigenden Rauch im Basislager, hörte ihre Gebete, die er nie verstanden hatte. Er erinnerte sich an den Stein, auf dem das Opferfeuer
brannte, und an das im Gebet immer wiederkehrende Wort »Ma-
nasuli«.
Als Andi sich nach ziemlich langer Zeit aufraffte und mit klarer
Stimme zu Horst sagte, er wolle nach dem Wetter sehen, glaubte
Horst, er habe sich durch seine Massage erholt, und fühle sich
besser.
Andi ging hinaus und kam nicht zurück.
Nach kurzer Zeit machte sich Horst Sorgen. Er verließ die
Schneehöhle. Von Andi fand er keine Spur mehr. Sein Rufen
ging im tobenden Sturm unter. Andi blieb verschwunden.
Horst schrie, doch der Sturm riß ihm die Worte aus dem Mund.
Sein Gesicht war im Nu vereist. Er war nahe daran, den Verstand
zu verlieren, wollte hinausrennen in die Nacht. Mit eisernem
Willen zwang er sich in die Schneehöhle zurück. Mehrmals noch
kroch er hinaus, doch keine Spur, kein Laut, nichts.

Nur mühsam konnte er sich aufrechthalten. Ab und zu ließ er sich auf den Rand der Schneehöhle fallen. Das ist also das Ende, dachte er, ich werde erfrieren.

Es blieb ihm nichts anderes übrig, als in die Schneehöhle zurückzukriechen. Nur dort bestand eine Chance, diese Nacht zu überleben. Aber nochmals verließ er das Loch, um nach Andi zu sehen. Alles war zwecklos. Wenn er sich von der Höhle entfernt hätte, um nach ihm zu suchen, so hätte dies wahrscheinlich auch für ihn den Tod bedeutet.

Den Rest der Nacht kämpfte er um sein Leben. Nur nicht einschlafen, sagte er sich immer und immer wieder. Er bewegte sich. Endlos dauerte die Nacht, heulte der Sturm. Noch immer wollte er nicht glauben, daß Andi nicht mehr da war.

Die Minuten wurden zu Stunden, zu Ewigkeiten. Bis vier Uhr morgens dauerte das Inferno, und noch immer kein Zeichen von den Kameraden.

Endlich graute der Morgen, die längste und härteste Nacht seines Lebens war vorbei. Er hatte gesiegt – gegen den Schlaf, die Kälte, die nie von seiner Seite gewichen war. In immer größeren Kreisen ging er um die Höhle herum. Er suchte ein Lebenszeichen von Andi. Nichts.

Horst war verzweifelt. Das Wetter hatte sich soweit gebessert, daß er genügend Sicht hatte, um nach Lager IV absteigen zu können. Er wühlte sich durch den in der Nacht gefallenen Neuschnee.

Mit dem winzigen Hoffnungsschimmer, Andi könnte vielleicht das Zelt erreicht haben, machte er sich an den Abstieg. Nach drei Stunden Wühlarbeit im tiefsten Schnee erreichte er das Zelt. Nun war auch seine letzte Hoffnung zunichte, die letzte Chance begraben . . .

Es war ein Wunder, daß Horst diese Nacht überlebt hatte. Er erwärmte sich ein bißchen und trank Tee. Nur aufgrund seiner gewissenhaften Vorbereitung, seiner inzwischen ausgereiften Fähigkeit, auch in lebensgefährlichen Lagen klar und folgerichtig zu überlegen, hatte er diese weiße Hölle überstanden.

Jetzt erst erzählte er mir, wieso er und nicht ein anderer ins Lager IV aufgestiegen war, um uns den Rückzug zu decken.

Aufgrund seiner blendenden Verfassung marschierte Horst am Morgen des 25. April von Lager II zu Lager III. Nach einer kur-

Lager III, im Schutz einer Eisspalte, von dem Horst Fankhauser am 25. April 72 bis zum Gipfelplateau gestiegen war.

zen Rast kletterte er mit Andi über die Eiswand nach Lager IV weiter. Das konnte nur er!

Hans und Hansjörg fühlten sich an diesem Tag nicht wohl und ließen Horst gern den Vortritt. Im Lauf des Tages stiegen die beiden ins Basislager ab, um sich zu erholen.

»Im Lager III lud ich mir noch eine Kanne Benzin auf«, berichtete Horst. »In der Eiswand kamen wir zügig vorwärts. Auf halbem Weg verschlechterte sich plötzlich das Wetter, und der Sherpa kehrte um. Wir erreichten das Zelt am späten Nachmittag. Das Wetter hatte sich weiter verschlechtert, der Sturm pfiff und drohte den Zeltstoff in Fetzen zu reißen. Ich sicherte das Zelt mit einem Seil und rammte dazu Skistöcke tief in den Schnee. Dann kamst du.«

Manasuli, Manasuli!

An diesem Morgen beteten die Sherpas in allen Lagern. Auch
die Nacht hindurch hatten sie gebetet: »Manasuli, Manasuli . . .«
Der Koch im Basislager ahnte noch nichts von der Tragödie, als
er am Morgen das Reisig fürs tägliche Opferfeuer auf dem Stein
vor der Küche aufhäufte. Er tat es wie immer, und der Küchenjunge sprach die Gebete nach: »Manasuli, Manasuli . . .«
Am Funkgerät berichtete dann Horst, wie alles zugegangen war.
Alle Expeditionsteilnehmer, die so sehr auf einen guten Ausgang
gehofft hatten, besonders Wolfi, waren erschüttert.
Kurz nach dem Funkgespräch hörte der Sturm auf, der Wind
flaute ab – es wurde hell, kalt, und dann sogar windstill. Nur am

Ausblick vom Lager I nach Süden. Wie eine Nase springt der Felspfeiler vor. Nur
dieser Umstand erlaubte einen sicheren Aufstieg. Über diesen Felspfeiler stieg
die Expedition nach der Katastrophe auch wieder ab.

westlichen Himmelsrand, über der Annapurna-Kette, hing ein schmaler, dunkler Streifen.

Eine halbe Stunde später — Horst hatte sich halbwegs erholt — schien im Tal schon wieder die Sonne. Die Nebel hatten sich aufgelöst, und ich ging einmal rings ums Zelt. Dann begannen wir unverzüglich mit der Suche. Die Schneedecke, mit der das Plateau bedeckt war, schien grundlos zu sein, die Windverwehungen waren oft mannshoch, die Hügel abgefegt, die Mulden angefüllt. »Von dort oben herunter kam ich«, sagte Horst und wies nach Osten. Ich konnte keine Spur sehen, sie war verweht.

Es war kalt. Am Plateau standen Schneemauern — und keine Spur, das Zelt zugeweht, alles ganz verweht.

Wir gingen und gingen. In unserer Daunenbekleidung sahen wir aus wie Astronauten. Wir suchten, fanden aber keine Spur von den Freunden. Also suchten wir weiter, und die Sonne schien und es war eisig kalt. Im Süden und Westen standen wieder reichlich Wolken. Wir waren müde, und wir befanden uns erst in der Mitte des Plateaus. In dieser weißen Wüste waren wir die einzigen dunklen Punkte.

Wenn wir von Norden nach Süden marschierten, blies uns der Wind ins Gesicht. Wir konnten das Zelt nicht erkennen. Mitten durch das Schneefeld hatten wir einen tiefen Graben gezogen, unsere Spur. Der Schnee war wie feiner Sand.

Einige Stunden waren wir schon unterwegs. Keiner war aufgetaucht. Wir waren den Kreis, der in Frage kam, zweimal abgegangen. Wir sahen nur Mulden und Schneehaufen. Und wir wußten, irgendwo mußten sie liegen — und wir marschierten weiter.

Josl Knoll

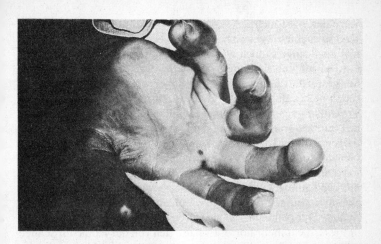

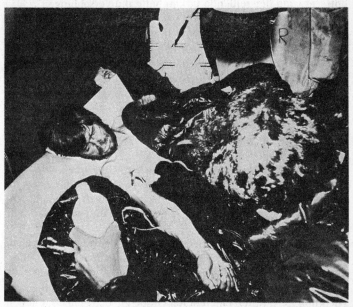

Oben: Die erfrorene rechte Hand Reinhold Messners. Unten: Lager II wird zu einem Feldlazarett. Nur dank dieser richtigen Behandlungsmethode (intraarterielle Infusion) sind Fankhauser und Messner ohne Schäden davongekommen.

Wir fanden sie nicht.

Und so suchten wir weiter. Jeden Rücken waren wir schon zweimal abgegangen, doch wir sagten uns, wo immer sie sein mochten, wir mußten sie finden. Von da, wo wir in einem Schneehaufen gestochert hatten, gingen wir über weite Flächen. Doch wir sahen nichts Besonderes – und waren todmüde.

Trotzdem gingen wir ein langes Stück aufwärts, bis in die Nähe des Südwestgrats, aber wir fanden auch dort nichts. Schließlich gingen wir abwärts, zurück zum Lager. Ich dachte an Andi . . . Gegen Morgen mußte er gestorben sein. Bevor ihm jemand helfen konnte, hatten ihn wohl Sturm und Kälte aufgerieben. Er muß völlig unterkühlt und in Trance gewesen sein wie ein Schlafwandler. Alle seine Instinkte waren auf die Suche nach Franz gerichtet. Der Nähe des Todes wurde er sich wohl erst bewußt, als er Franz nicht mehr hörte. Er hatte sich von der Höhle im Schnee entfernt, und der reißende Orkan hatte ihn verschlungen . . .

Stunden vor Andi mußte Franz gestorben sein. Er muß auf mich gewartet haben und starb wohl den Erfrierungstod, obwohl er aus Sorge vor Erfrierungen auf den Gipfel verzichtet hatte. Bevor wir uns trennten, hatte er mir versprochen, er werde Tee kochen und ihn warmhalten, für meine Rückkehr . . . Wie Andi ist auch er gestorben, in der Hoffnung, einem Freund helfen zu können.

Als das Zelt in Sicht kam, schaute ich nochmals zurück. Ich wollte nicht glauben, daß die beiden für immer verschwunden waren. Der Schnee war hell.

Da lag etwas, das wie ein Körper aussah und unter Schnee begraben war. Wir gingen wieder zurück. Als wir näherkamen, häufte sich etwas Dunkles aus der hellen Fläche. Doch als wir angekommen waren, lag nur eine Windgangel vor uns, und wir waren sehr traurig.

Mühsam wühlten wir uns wieder zurück. Ich hatte fürchterlichen Durst. In meinen Vorstellungen sah ich Wasser. Ich sah es in einem See, der weder Anfang noch Ende hatte, ich sah es aus Brunnen fließen, ich sah es in Töpfen und Krügen. Wir gingen in Richtung Zelt, traten einen tiefen Graben in den Schnee, blieben oft und öfter sitzen.

Ich lag im Schnee und holte Atem. Dann stand ich auf, holte nochmals Atem und ging. Zwei, drei Schritte. Wir saßen und gingen, gingen und saßen. Ich schob die Beine vorwärts und hielt mit dem Pickel das Gleichgewicht. Ich konnte die Schuhe nicht sehen, weil sie in Schnee schwammen. Die Hose war mit Schnee verkrustet.

Mittags dann – wir suchten immer noch – verschlechterte sich das Wetter neuerdings, und wir mußten, nachdem Hilfe von Lager III nicht in Frage kam, absteigen. Bei jeder Rast dachte ich, ich schaffe es nicht bis zum Zelt. Ich stand immer wieder auf, und wir gingen drei Schritte, aber nur drei Schritte. Wenn wir wieder saßen, war das Zelt immer noch unendlich weit weg.

Schließlich standen wir doch am Lager IV. Ich warf noch einen Blick hinein, wühlte zwischen Schnee und Kleidungsstücken, um vielleicht etwas Wichtiges zu finden. Aber ich fand nichts, nicht einmal meinen zweiten Anorak.

Ich kroch heraus. Die Wolkenbank im Süden kam immer näher. Man konnte auf der großen weißen Fläche viele Schatten sehen. Ich suchte nach Skistöcken, aber es waren keine da.

Und immer wieder blickten wir über die Schneefläche. Einen Menschen hätte man von weitem gesehen. Die Luft war so klar, der Schnee so weiß.

Am Zelt hing ein Seil, und ich machte es auseinander. Wir banden uns für den Abstieg zusammen. Ich hörte das Zelt im Wind flattern.

Wenn ich an die Zeit hier oben dachte, kam sie mir lang vor. Wie ein Monat. So viel war geschehen.

Der Hang zum Lager III war mit Neuschnee geladen. Wir querten ihn und waren heilfroh, daß keine Lawine abging. Ich fühlte mich wie gerädert, wenn ich an die toten Freunde dachte. Wir wühlten uns abwärts, ruhten uns aus, wühlten weiter.

Mit Sorge verfolgten die anderen unser Kommen mit dem Fernglas. Das Wetter verschlechterte sich mehr und mehr.

Einerseits waren wir froh, daß die Expeditionsleitung den Abstieg angeordnet hatte. Ein noch längeres Verbleiben oben, bei diesem schlechten Wetter, hätte zu einer weiteren Tragödie führen können. Andererseits waren wir bedrückt, weil die Suche erfolglos geblieben war.

Im Eishang zwischen Lager III und Lager IV lagen ungeheure Neuschneemengen, und die unten hatten Angst, daß noch etwas passieren könnte.

Nach stundenlangem Wühlen im tiefsten Schnee näherten wir uns Lager III und wurden dort von Josl empfangen.

Er hatte uns beim Abstieg dauernd beobachtet. Als er sah, daß wir ziemlich weit unten waren, dachte er, ich muß ihnen ein Stück entgegengehen und beim Spuren helfen. Wir waren glücklich über diese Hilfe. In Lager III nahmen er und Urkien sich unser in rührender Weise an. Urkien versorgte uns mit Getränken, Josl untersuchte unsere Erfrierungen. Er massierte die Füße von Horst und erreichte, daß sie wieder warm wurden.

Auf der Luftmatratze sitzend, die erfrorene Hand auf den Knien, betrachtete ich Urkien, der mit den Händen voller Kleidungsstücke noch Tee holte, um ihn uns zu bringen. Dabei verbrannte er sich im Eifer, zu helfen, die Finger, als er versuchte, die Kanne ohne Tuch vom Kocher zu heben. Obwohl zu guter Letzt keiner von uns beiden trinken konnte, hinterließ diese selbstlose Hilfsbereitschaft in mir den tiefsten Eindruck.

Mir schien, als sei ich in diesen Tagen uralt geworden.

Als wir uns nach einigen Stunden soweit erholt hatten, daß wir an einen weiteren Abstieg denken konnten, begleitete uns Josl hinunter ins Lager II.

Hier erwarteten uns Wolfi und Bulle. Wenige Tage später ergänzte Bulle sein Tagebuch:

»Wenn man sich ihren harten und langen Weg vergegenwärtigt, so waren die beiden, obwohl sie erschöpft waren, in einer erstaunlich guten Verfassung. Nachdem sie sich etwas erholt hatten, habe ich mich der Erfrierungen der beiden angenommen.

Beide hatten Erfrierungen zweiten Grades, aber die Situation war insofern günstig, als die Kälteschäden nur etwa zwölf bis vierundzwanzig Stunden zurücklagen, so daß mit einer intensiven Therapie viel zu retten war.

Ich verabreichte Reinhold und Horst intraarterielle Infusionen für ihre Erfrierungen an Armen bzw. Beinen.«

(Glücklicherweise führte dies später zu einer vollständigen Heilung unserer Verletzungen.)

Horst und ich lagen neben Bulle im Zelt. Obwohl unser Arzt selbst krank war, bemühte er sich rührend um uns!

In jener Nacht begann es wieder zu stürmen. Und es stürmte zehn Tage lang.

Abstieg ins Basislager

Nach diesen tragischen Ereignissen beschlossen wir, die Expedition abzubrechen.

Bis auf Josl stiegen wir alle ins Basislager ab. Josl hatte den Auftrag, den Abbau der Hochlager zu leiten.

Er war der einzige, der jetzt von der Höhe unangefochten blieb. Er befand sich in einer prachtvollen Frische und wurde immer widerstandsfähiger gegen Krankheiten, immer gleichgültiger gegen Wetter und Kälte. In der Höhe hatte er eine einzigartige Form gefunden.

Josl war der Vater unserer Mannschaft. Im gleichen Jahr geboren wie Hermann Buhl, hatte er in den ersten Kriegsjahren extrem geklettert, war in Afrika in amerikanische Kriegsgefangenschaft geraten. – Obwohl sein Haar schütter zu werden beginnt, fühlte er sich mit seiner jugendlichen Spannkraft als einer der unseren, und wir mochten ihn alle – nicht nur, weil er gern Witze erzählte. In Bergsteigerkreisen ist er durch seine großen winterlichen Gratüberschreitungen mit Ernst Senn, Kuno Rainer und Sepp Jöchler bekannt geworden. Bei diesen Unternehmungen erwarb er sich die Härte und Ausdauer für eine Himalaya-Expedition.

Der Abstieg durch das Eislabyrinth am 27. April war lang und mühevoll. Immer wieder ließen wir uns in den Schnee sinken, um zu rasten. Am überhängenden Pfeiler hatte ich Mühe, nicht aus der Wand zu fallen. An der rechten Hand trug ich dicke Verbände und war deshalb ungeschickt, manchmal hilflos.

Im Basislager trafen wir Hans und Hansjörg. Die beiden wußten noch nichts vom Unglück, weil ihr Funkgerät ausgefallen war. Als wir ihnen davon erzählten, konnten auch sie es nicht fassen. Hansjörg weinte. Er hatte seine liebsten Freunde verloren.

Am Abend brachte der Postläufer einige Briefe aus dem Tal. In einem stand, daß Franz einen Sohn bekommen hatte.

Am nächsten Tag stiegen Hans und Hansjörg ein letztes Mal in den Pfeiler, um den Abtransport der Lasten zu leiten, die fixen

Seile abzubauen und das noch brauchbare Material ins Basislager zu befördern. Sie übernachteten im Sherpalager. Am Morgen darauf kletterten sie bis ins Lager I.

Nachdem die Sherpas von Lager II ins Lager I gekommen waren, luden die beiden ihnen die letzten Lasten auf. Sie montierten hinter den Sherpas die fixen Seile ab und ließen alles Gepäck mit der Karabinerbremse über die Seilbahn hinunter. Das war ziemlich gefährlich. Das Wetter war wieder schlechter. Hansjörg seilte sich ab, um an der Talstation das Gepäck abzuladen. Hans lud oben auf und bremste.

Der stille Bauernsohn aus dem Pinzgau verrichtete seine Arbeit gewissenhaft. Auch jetzt, da alles vorbei und das Arbeiten doppelt mühevoll war, ließ er sich nie gehen und schlampte nie. Mit Andi gemeinsam hatte er seine ersten Bergtouren unternommen, war mit ihm im Hindukusch gewesen und kannte einige der großen Westalpenfahrten.

Erst nachdem ich einige Wochen mit ihm zusammengewesen war, wußte ich, wie gescheit er ist und wie stark. In seiner bescheidenen und zurückhaltenden Art hat er sich nie vorgedrängt. Jetzt schnitt er die Leitern ab, einige Steine pfiffen an Hansjörg vorbei. Als letzter seilte sich Hans über die überhängende Wand hinunter ins Pfeilerlager. Auf schnellstem Weg ging es dann weiter ins Basislager.

Wolfi, der die Vorbereitungen, den Anmarsch und vor allem die Arbeiten am Berg vorbildlich geleitet hatte, verlor auch jetzt die Nerven nicht. Zusammen mit Horst — mit dem ihm einige Tage vorher die erste Besteigung der Stubaier Spitze gelungen war — ging er jetzt im Eilmarsch nach Pokhara und weiter nach Kathmandu, um die Angehörigen von Andi und Franz so schnell wie möglich verständigen zu können.

Wir richteten im Hauptlager die Lasten her und warteten auf die Träger, die Urkien aus dem Tal bringen sollte.

Tag für Tag gegen Abend, wenn der Koch, angekündigt durch das laute Getöse des Küchenjungen, ins Eßzelt trat, sah er müde Gesichter. Die gebratenen Kartoffelknödel, der Reis, das ewige Yakfleisch, die Suppen, die Wurst, der Speck, die Konserven — wir waren ihrer überdrüssig, der Appetit war uns vergangen.

Mit der Abwesenheit Wolfis und Horsts, mit der unsichtbaren Anwesenheit von Franz und Andi, die nach wie vor schweigsam

Hansjörg Hochfilzer im Basislager.

zwischen den Zelten hin- und herzugehen schienen, war das Hauptlager zu groß und leer.

Hansjörg fand tagelang keine Ruhe. Er war nicht mehr lustig, aß kaum noch, sein kecker Hut war verschwunden. In seinen Augen konnte man die Verzweiflung lesen. Vergeblich fragte er sich, wieso seine Freunde für etwas sterben mußten, was ihr höchstes Glück bedeutet hatte. Der Gletscher war zur trostlosen Einöde geworden.

Auf der Suche nach Bildern öffnete Hans Andis Kiste und fand nur Kleider, Papier, Schuhe. Er saß vor den Trümmern der in so vielen Jahren aufgebauten Expeditionsbegeisterung.

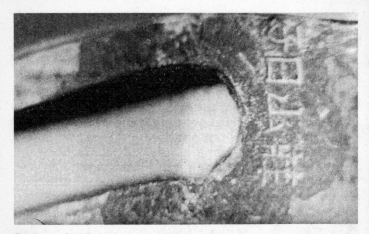

Detail vom Gipfelhaken. Diesen Haken hinterließen die Japaner 1956 am Gipfel. Reinhold Messner schlug ihn heraus und nahm ihn mit. Einen zweiten ließ er stekken. Wer wird ihn holen?

Eine Gedenktafel am Thulagi-Gletscher . . .

Der Weg zurück

In diesen Tagen teilte ich mit Josl ein Zelt. Beim Tagebuch-schreiben war er der fleißigste, und oft durfte ich darin lesen. Am 1. Mai schrieb er:

»Am Abend kam zuerst unser Hund Karl-Maria ins Basislager zurück. Den ganzen Nachmittag hatten wir uns gefragt, ob heute vielleicht noch der Postläufer kommt, ob morgen die Träger bei uns eintreffen werden. Keiner wollte recht daran glauben. Als Karl-Maria kam, stieg die Hoffnung.

Es war schon fast dunkel, als Urkien mit dem Postläufer eintraf. Urkien stellte die Träger für morgen um 10 Uhr in Aussicht. Der Bote brachte Post von zu Hause.«

Wir hatten die Traglasten bereits zusammengestellt. Hansjörg suchte zwischen den Steinen am Toteis eine Felsplatte. In der Werkzeugkiste fand er einen Meißel, dessen Griff mit blauer Metallfarbe lackiert war. Er war schon stumpf.

Mit einem alten Filzstift schrieb ich die Namen von Andi und Franz auf die rauhe Fläche, fuhr nochmals nach, wo die Schrift zu dünn war, besserte krumme Linien aus. Abwechselnd gruben wir dann die Buchstaben in den Fels und brachten die Platte später unten am Seelager an:

ANDI S.
FRANZ J.
† 25. IV. 1972

steht darauf zu lesen. − Währenddessen tauchten endlich die ersten Träger auf, ein Dutzend barfüßige, zerlumpte, zum Teil mit Dolchen bewaffnete Burschen. Später kamen zwei weitere Gruppen, in Umhänge gehüllt, nach. Während sie ihre Namen im Notizbuch eintragen ließen und in den Abfällen wühlten, reihten die Sherpas die Lasten vor ihnen auf.

Alle Träger sammelten Kleinkram in ihre Tücher, sogar kaputte Eimer nahmen sie mit. Urkien brüllte, sie sollten nicht streiten, alle bekämen ein paar Konservendosen. Aber einige nahmen zu viele und andere blieben ohne.

Die Trägerkolonne auf dem Weg ins Tal.

Einer nach dem anderen luden sie sich dann die Lasten auf und gingen abwärts. Mit den Umhängen aus Wolle und den abenteuerlich aufgepackten Lasten glich die Trägerkolonne bei dem düsteren Wetter einem Geisterzug.

Weiter unten im Tal schneite es. Der Boden wurde glitschig, die Träger rutschten. Früher als geplant mußten wir das Lager aufbauen. Um zahlreiche Feuer gedrängt, verbrachten die Träger die Nacht. Am Morgen streikten sie.

Urkien gab keine weitere Erklärung. Wir unsererseits erwarteten keine und wollten auch keine. Es wäre sinnlos gewesen, die Träger bei diesem Schneetreiben zum Abstieg zu zwingen.

Tags darauf schien wieder die Sonne. Der Schnee lag knöcheltief und war gefroren, so daß er die nackten Füße der Träger aufriß. Weiter unten, am Beginn des Waldgürtels, machten wir Rast. Wir trockneten unsere Kleider und aßen. Vereinzelt blühten noch die Rhododendronbüsche.

Am nächsten Tag in Naje streikten die Träger abermals, ihr Gebaren wurde feindlich. Ich wußte, daß wir zu schwach waren, eine Schlägerei anzufangen. Ich hatte obendrein noch eine erfrorene Hand, die Träger aber hatten sich teilweise mit Knüppeln bewaffnet. Bulle setzte seine finsterste Miene auf und schrie sie an, um sie in Schach zu halten. Einer der Sherpas sagte dabei beeindruckt zu mir: »Doctor Sahib very strong man!«

Es half nichts. Wir tauschten zwei Drittel der Kulis aus, verloren dadurch Zeit und mußten den Marsch durch das Marsyandi-Tal mit zwei Tagen Verspätung beginnen.

Pasang, unser bester Sherpa, erkrankte an Amöbenruhr. Er war so geschwächt, daß er sich nicht mehr selbständig auf den Beinen halten konnte. Da die Medikamente nichts mehr nützten, seine Schmerzen sich aber von Stunde zu Stunde steigerten, bat er um einen Geisteraustreiber.

In einem dunklen Raum beschwor der Magier den bösen Geist: er legte Pasang die Hände auf den Kopf und sprach irgendwelche Formeln. Dann deckte er das Gesicht des Kranken zu und befahl ihm, sich zu entspannen.

Diese Beschwörungen wiederholten sich in den folgenden Tagen. Pasang wurde von den beiden stärksten Männern in einem Korb auf dem Rücken getragen. Erst im Hospital von Kathmandu sollte er sich erholen.

Drei Tage später — wir lagerten zwei Tage vor Pokhara unter einem Paß — sahen wir die Berge zum letzten Mal. Die Sonne mußte schon sehr tief stehen. Das Abendrot färbte den Himal chuli und den Peak 29. Den Manaslu sahen wir nicht. Ein bewaldeter Hügel verdeckte ihn ganz.

Ich lag im Zelt, Beine und Schuhe ragten über den Zeltrand hinaus. An den Talhängen war es noch hell, weiter unten dämmerte es bereits. Die Sherpas gingen zwischen den Zelten hin und her, die Träger hockten vor ihren Feuern . . .

Ich lag noch immer im Zelt.

Die beiden anderen hatten den Schneesturm nicht überlebt. Aber ich. Ich würde bald daheim sein. Auch würden wieder viele Möchtegern-Bergsteiger aufstehen und sich Urteile anmaßen. Ich erinnerte mich an die Ratschläge anderer Bergsteiger, aufzupassen. Gute Ratschläge ließen sich leicht geben. Ich erinnerte mich an die vielen Tage mit Andi und Franz. »Ich werde für dich Tee kochen«, hatte er zuletzt gesagt. Ich drehte mich auf den Bauch und vergrub mein Gesicht im Schlafsack. Als die anderen schon schliefen, ragten meine Schuhe noch immer aus dem Zelt.

»Sahib«, sagte eine Stimme draußen. Ich richtete mich auf. Agnima hatte einen Becher mit heißem Tee gebracht.

Es war schon Nacht.

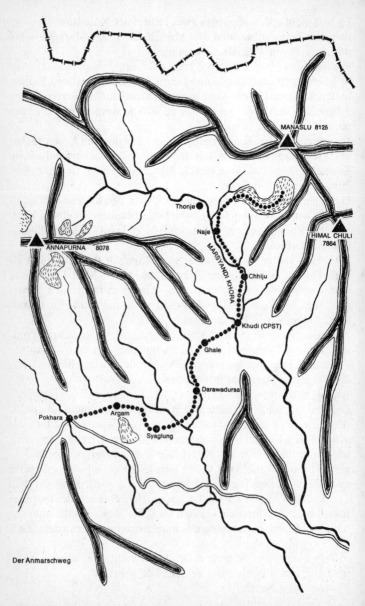

Der Anmarschweg

Anhang

Die Teilnehmer
waren Bergführer, hervorragende Bergsteiger, und kannten sich von Touren in den Alpen.
Wolfgang Nairz, 27, Leiter, Glaziologe und Bergführer
Dr. Oswald Oelz, 29, Arzt
Franz Jäger, 29, Bergführer
Andi Schlick, 27, Bergführer
Horst Fankhauser, 28, Bergführer
Hans Hofer, 30, Gendarm
Reinhold Messner, 27, einziger Südtiroler Teilnehmer
Hansjörg Hochfilzer, 27, Bergführer
Josl Knoll, 48, »Karwendler« aus Innsbruck, BL-Verwaltung.
Die Sherpas standen unter der Leitung des Sirdar Urkien.

Routenbeschreibung

Der Anmarsch erfolgte in zehn Tagen von Pokhara aus durch das Marsyandi-Tal und das Dona Khola bis auf das obere Drittel des Thulagi-Gletschers, wo ein Hauptlager errichtet wurde.
Die bis dahin völlig unerforschte Südwand des Manaslu stellte sich als äußerst gefährlich und schwierig heraus. Nur eine einzige sichere Aufstiegsroute konnten wir ausfindig machen. Eine Stufe in der Wandmitte teilt die Wand. Die Route hat die typischen Merkmale eines Direktdurchstieges. Gleichzeitig aber hat sie den Charakter einer klassischen Himalaya-Tour, weil lange, flache Passagen zu überwinden sind. Sie gliedert sich in vier Teile:

I. Nur ein 600 m hoher, teilweise überhängender Felspfeiler im rechten Wandteil ermöglicht den Einstieg. (Schwierigkeitsgrad VI, mit der Nordwand der Großen Zinne zu vergleichen, mit Leitern und Fixseilen versehen.) Darüber liegt eine Eiswand, die in ein Eislabyrinth in der Wandmitte führt (ein Eiswulst mit mehr als 60 Grad Neigung).
Unsere Lager standen am Beginn der Felswand (Pfeilerlager 4700 m) und am Ende des Pfeilers (L I, 5300 m).
II. Das Eislabyrinth und das anschließende »Schmetterlingstal«, die zwischen dem Manaslu, dem Peak 29 und einem unbenannten 7000er eingebettet liegen, ermöglichen einen Zustieg zur Gipfelwand (6 km lang, flach, teilweise

eben, bei Neuschneefall kritisch, mit 100 Bambusstangen ausgesteckt). Die Route führt durch das Tal (in der Mitte L II, 5850 m) bis zum Südsattel (L III, 6600 m).

III. Eine steile, schräge Eiswand erlaubt einen relativ lawinensicheren Aufstieg zum Gipfelplateau, wo ein letztes Lager (L IV, 7400 m) stand. (In Steilheit und Schwierigkeit mit der Ortler-Nordwand zu vergleichen, teilweise versichert. Im oberen Drittel gute Lagermöglichkeiten.)

IV. Über das Gipfelplateau und den Gipfelgrat führt ein unschwieriger Weg zum höchsten Punkt. Das Gipfelplateau (ca. 2,5 km lang und 1,5 km breit) ist im unteren Teil sehr flach, völlig ungefährlich und wies harten Schnee auf (Windgangeln). Der Gipfelgrat ist teils felsig (II), teils überwächtet.

Der Anmarsch

Der Anmarsch mit etwa 100 Trägern und 2700 kg Gepäck erfolgte in 10 Tagen von Pokhara aus durch das Marsyandi-Tal und das Dona Khola bis an das untere Ende des Thulagi-Gletschers, wo ein vorläufiges Hauptlager errichtet wurde.

Der Angriffsplan

Gemeinsam mit Franz Jäger und der Unterstützung von Sherpas erstellte Reinhold Messner Lager IV in 7400 m Höhe. Der Gipfelangriff wurde bis ins kleinste Detail vorbereitet und für den 25. April festgesetzt. Alle Expeditionsteilnehmer waren zwischen Lager II (5850 m) und Lager IV (7400 m) (die beiden oberen Lager entsprachen Biwaks) verteilt. Eine längere Schönwetterperiode hatte die Voraussetzung für den geplanten Gipfelangriff geschaffen und ließ einen planmäßigen Verlauf erhoffen.

In den frühen Morgenstunden starteten Jäger und Messner in Richtung Gipfel. Gleichzeitig stiegen Horst Fankhauser und Andi Schlick zur Unterstützung nach Lager IV auf. Wolfgang Nairz, Josl Knoll und der Sirdar Urkien rückten nach Lager III nach, wo sie Dr. Oelz mit einem Höhenlungenödem vorfanden. Nairz brachte ihn nach Lager II, wo er mit Sauerstoff behandelt wurde.

Der Gipfel

Über harten Preßschnee kamen Messner und Jäger rasch voran. Der Weg übers völlig ungefährliche Gipfelplateau aber stellte sich als viel länger heraus als erwartet. Jäger gab auf, der Weg schien ihm zu lang. Er wollte kein Biwak riskieren und allein ins Ausgangslager absteigen. Da das Wetter gut zu bleiben versprach, mühte sich Messner weiter und erreichte den Gipfel.

Expeditionsfahrplan

Anmarsch

25.2., Freitag:
Abflug in München: Andi, Franz, Hans, Hansjörg, Wolfi. Über Athen nach Kairo.

26.2., Samstag:
Aufenthalt in Kairo.

27.2., Sonntag:
Flug Kairo−Bombay.

28.2., Montag:
Weiterflug nach Delhi.

29.2., Dienstag:
Aufenthalt in Delhi.

1.3., Mittwoch:
Weiterflug mit Frühmaschine nach Kathmandu. Nur 66 Gepäckstücke kommen an, 22 Stück fehlen.

2.3., Donnerstag:
Zollformalitäten erledigt.

3.3., Freitag:
Restliche Gepäckstücke treffen in Kathmandu ein. Zollformalitäten erledigt.

4.3., Samstag:
Ausflug mit 3 Motorrädern zur chinesischen Grenze.

5.3., Sonntag:
Mit zwei Charterflügen und 3 Tonnen Gepäck nach Pokhara. Andi, Franz, Hans und Hansjörg sowie alle Sherpas fliegen mit. Wolfi bleibt in Kathmandu.

6.3., Montag:
In Pokhara werden Lasten hergerichtet, 91 Lasten à 30 kg.
Reinhold und Horst fahren nach Wien, Telesport.

7.3., Dienstag:
Abmarsch in Pokhara.

8./9.3., Mittwoch und Donnerstag:
Anmarsch zum Berg.

10.3., Freitag:
Bulle, Horst, Josl und Reinhold fliegen in München ab. Trägerstreik bei der ersten Gruppe.

13.3., Montag:
Bulle, Horst, Josl und Reinhold treffen in Kathmandu ein.

14.3., Dienstag:
Abflug der zweiten Mannschaft und Verbindungsoffizier nach Pokhara.

15.3., Mittwoch:
Bulle, Horst, Josl, Reinhold und Wolfi: Abmarsch in Pokhara mit 10 Trägern sowie 2 Sherpas.
Franz, Hans und Hansjörg mit 3 Sherpas und 3 Trägern ins Dona Khola, um Weg zu versichern, zu erkunden und gangbar zu machen.

18.3., Samstag:
Andi, Franz, Hansjörg und Hans erreichen das Seelager.

19.3., Sonntag:
Träger bringen restliche Lasten ins Seelager; Erkundung.

20.3., Montag:
Zweiter Erkundungsvorstoß durch den Vortrupp. Die zweite Gruppe erreicht am Abend das Seelager.

21.3., Dienstag:
Bulle, Horst, Josl, Reinhold und Wolfi Wandstudium. Nach längerer Diskussion mit allen Teilnehmern entschieden wir uns für die 4000 m hohe und äußerst schwierige Südwand des Manaslu.

22.3., Mittwoch:
Vorbereitungen im Seelager für Aufbruch.

Am Berg

23.3., Donnerstag:
Andi und Reinhold errichten das Pfeilerlager, Franz und Horst ↑ endgültiges Basislager. Aufstiegsroute bis zum ersten Band erkundet.

24.3., Freitag:
Andi und Reinhold beginnen den Pfeiler zu versichern. Franz und Horst mit Material ↑ Pfeilerlager.
Rest der Mannschaft: Lastentransport zum endgültigen Basislager.

160

25.3., Samstag:
Arbeit im Pfeiler, Anbringen der großen Leiter.
Sherpas bringen Lasten zum Basislager und Pfeilerlager.

26.3., Sonntag:
Reinhold und Horst: Erster Erkundungsvorstoß bis zum Eislabyrinth. Hans,
Hansjörg, Andi und Franz arbeiten am Pfeiler; Wolfi und Josl mit Trägern ↑
Basislager ↓ Seelager, Bulle ordnet die Medikamente.

27.3., Montag:
Rest der Lasten und gesamte Mannschaft ↑ endgültiges Basislager. Weitere
Versicherungsarbeiten am Pfeiler, Vortrupp ↓ Basislager.

28.3.—2.4.: Basislager, Schlechtwetter.

3.4., Ostermontag:
Andi, Franz, Horst und Reinhold ↑ Pfeilerlager.

4.4., Dienstag:
Horst und Reinhold ↑ L I.
Versicherungsarbeiten am Pfeiler, Seilbahn installiert.
Bulle und Wolfi ↑ Pfeilerlager.
Hans, Hansjörg und Josl: erste Besteigung des Führergipfels, 5850 m.

5.5., Mittwoch:
Reinhold und Horst L I.
Andi, Franz, Bulle und Wolfi Lastentransport im Pfeiler.
Schneesturm ↓ Basislager.

6.4., Donnerstag:
Reinhold und Horst in L I.
Bulle und Wolfi ↑ Pfeilerlager.
Offizier ist verschwunden.

7.4., Freitag:
Reinhold und Horst durchqueren den Bruch, Erkundung des Schmetterlingstals. Lastentransport am Pfeiler.

8.4., Samstag:
Andi und Franz ↑ L I.
Rest der Mannschaft arbeitet am Pfeiler.

9.4., Sonntag:
Reinhold und Horst errichten L II im Schmetterlingstal.
Arbeit am Pfeiler.
Schneesturm.

Lawine streift L II.
In derselben Nacht finden an der Ostseite des Manaslu 10 Sherpas und 5 Sahibs der südkoreanischen Expedition den Tod.

10.4., Montag:
Reinhold und Horst steigen ab. Bulle und Wolfi ↑ Windenlager. Wir sind in ständigem Funkkontakt.
Gesamte Mannschaft → Basislager. 3 Sherpas bleiben im Windenlager.

11.4., Dienstag:
Basislager.

12.4., Mittwoch:
Wolfi und Urkien ↓ Tal, Meldung wegen Offizier.

13.4., Donnerstag:
Basislager.

14.4., Freitag:
Reinhold, Horst, Andi und Franz ↑ L I.
Lastentransport am Pfeiler.

15.4., Samstag:
Horst und Reinhold ↑ L II.
Andi und Franz in L I.
Bulle, Hans und Hansjörg ↑ Pfeilerlager.

16.4., Sonntag:
Reinhold und Horst Erkundungsvorstoß Richtung Südwestsattel.
Andi und Franz ↑ L II.
Bulle, Hans und Hansjörg ↑ L I.
Wolfi und Urkien zurück im Basislager.

17.4., Montag:
Lastentransport.
Urkien und 1 Sherpa ↑ L I.

18.4., Dienstag:
Schlechtwetter, Horst wegen Halsschmerzen ↓ Basislager.

19.4., Mittwoch:
Hans, Hansjörg und Bulle ↑ L II.

20.4., Donnerstag:
Reinhold und Franz errichten Lager III.
Andi und 2 Sherpas begleiten sie ↓ L II.

Hansjörg, Hans und Bulle in L II.
Horst, Josl und Wolfi ↑ L I.

21.4., Freitag:
Ruhetag in L I, L II und L III.
Horst ↑ L II.
Reinhold besteigt erstmals den Hervis Peak, 6900 m.
Sherpas Lastentransport L I — L II, L II — L III.

22.4., Samstag:
Reinhold und Franz Vorbereitungen für Aufstieg nach L IV.
Andi und Bulle ↑ L III, 6 Sherpas Lastentransport ↑ L III.

23.4., Sonntag:
Reinhold und Franz ↑ Lager IV.
Andi und Bulle versichern die Eisflanke und die anschließenden Felsen über
L III.
Hansjörg und Hans ↑ L III.

24.4., Montag:
Reinhold und Franz setzen L IV endgültig aufs große Gipfelplateau. Vorbereitungen für Gipfelangriff. Bulle, Hans, Hansjörg und Andi in L III.
Horst, Josl und Wolfi von L II in Richtung Stubaier Spitze.
Horst und Wolfi besteigen die Stubaier Spitze, 6650 m, erstmals.
Sherpas Lastentransport ↑ L III.

25.4., Dienstag:
Reinhold und Franz ↑ Gipfel.
Horst von L II nach L III, dann mit Andi ↑ L IV.
Hans und Hansjörg ↓ Basislager.
Josl, Wolfi und Urkien ↑ L III.
Bulle hat Höhenlungenödem, mit Wolfi und Ang Tsering ↓ L II.
Reinhold erreicht den Gipfel um ca. 14.00 Uhr.
Nachmittags Schneesturm. Franz kommt nicht zurück.
Andi und Horst suchen.
Tragödie.

26.4., Mittwoch:
Suche von Reinhold und Horst am Plateau.
Wetterverschlechterung. Reinhold und Horst ↓ L III; größte Lawinengefahr.
Von dort mit Josl ↓ L II. Bulle behandelt die Erfrierungen mit intraarteriellen Infusionen.

27.4., Donnerstag:
Abstieg ins Basislager, Josl bleibt im L II, um Lastentransport zu leiten.

28.4., Freitag:
Hans und Hansjörg steigen auf, um am Pfeiler den Abtransport zu leiten;
Seile abgebaut.

29.4., Samstag:
Hans, Hansjörg und Josl am Pfeiler, Abtransport der Lasten.
Wolfi und Horst brechen Richtung Pokhara auf.

30.4., Sonntag:
Mannschaft im Basislager.

1.5., Montag:
Basislager.

2.5., Dienstag:
Abmarsch mit Trägern.
Wolfi und Horst treffen in Pokhara ein.

2.5.−9.5.,:
Marsch mit Trägern nach Pokhara.

10.5.:
Fahrt nach Kathmandu.

11.5.−16.5.:
Erledigung der Zollformalitäten.
Nochmalige Meldung wegen Offizier.
Verpacken des Gepäcks. Abflug am Abend in Kathmandu.

17.5., Mittwoch:
Ankunft in München.

Lage und Geschichte des Manaslu

Höhe: 8156 m
Geographische Lage: Nepal/Himalaya, Gurkha Himal
28° 33' 00'' n.Br.
84° 33' 43'' o.L.
Nomenklatur: Manaslu kann man mit »Geisterberg« übersetzen.
Der Manaslu, einer der neun »kleinen« Achttausender, ist bergsteigerisch
wenig erschlossen. Auf Grund des häufigen Schlechtwetters sind alle Routen
lawinengefährlich. Obwohl bereits vier verschiedene Routen bzw. Varianten
zum Gipfel führen, bleiben noch ein halbes Dutzend logischer Aufstiegsmöglichkeiten offen. (Ostgrat, Südgrat, direkte Südwand, direkte Westwand,
Nordostrippe).

Chronik

1950 H. W. Tilman, der große englische Himalaya-Pionier, kommt mit drei Freunden durch das Dudh Khola (alte Salzstraße nach Tibet) nahe an den Manaslu heran. Später im Jahr überschreitet Col. J. Roberts den Larkya-Paß und erkennt eine mögliche Aufstiegsroute von Norden. Erste Fotos.

1951 Dr. T. Tagen fotografiert im Rahmen seiner geologischen Erkundungen den Manaslu aus der Luft.

1952 Eine japanische Erkundungsexpedition unter der Leitung von K. Imanishi studiert die Aufstiegsroute vom Manaslu-Gletscher über den Nordsattel. Am Ostgrat steigen die Bergsteiger bis über 5000 m auf.

1953 Eine japanische Expedition, geleitet von Y. Mita, steigt von Norden bis ca. 7750 m auf, bricht die Versuche dann allerdings ab.

1954 Die zweite Expedition aus Japan, Leiter ist Y. Hotta, wird von den Bewohnern von Sama vertrieben. Die Einheimischen behaupten, die Japaner hätten den heiligen Berg entweiht, Lawinen und Krankheit hätten das Dorf heimgesucht.

1955 Eine japanische Delegation führt in Nepal Verhandlungen für eine neue Expeditionsgenehmigung. Eine Erkundungsgruppe geht im Herbst nach Sama und steigt bis auf das große Plateau auf.

1956 Vormonsun: Japaner unter der Führung von Yuko Maki besteigen den Manaslu über die Nordwestflanke, den später sogenannten Normalweg. 1. Besteigung. Am 9. Mai erreichen Toshio Imanishi und der Sherpa Gyaltsen Norbu den Gipfel. Am 11. Mai folgen ihnen Kiichiro Kato und Minoru Higeta.

1970 Herbst: Erkundungsexpedition aus Japan zur Nordwestwand.

1971 Vormonsun: Die Tokyo Metropolitan Mountaineering Federation aus Japan schickt unter der Leitung von Akira Takahashi eine Expedition zur Nordwestwand. Dieser Gruppe gelingt die zweite Besteigung am 17. Mai durch Kazuharu Kohara und Motoyoshi Tanaka. Eine neue schwierige Route ist erschlossen.

1971 Vormonsun: Am Normalweg versucht sich erfolglos eine südkoreanische Expedition, die 7600 m Höhe erreicht. Ein Bergsteiger stürzt ab.

1972 Vormonsun: Die Tiroler Expedition unter der Führung von Wolfgang Nairz wagt die Durchsteigung der Südwand. Am 25. April gelingt dabei Reinhold Messner die dritte Besteigung. Zwei Mitglieder sterben in einem Schneesturm.

1972 Vormonsun: Der Südkoreaner Kim Jung-Sup führt einen erfolglosen Aufstiegsversuch am Normalweg durch und erreicht dabei eine Höhe von 6950 m. Vier Koreaner, ein Japaner und zehn Sherpas werden dabei durch Lawinen getötet.

1973 Vormonsun: Die vierte Besteigung schafft eine deutsche Expedition, die von Gerhard Schmatz geleitet wird. Über den Normalweg steigen am 22. April Gerhard Schmatz, Sigi Hupfauer und der Sherpa Urkien Tshering zum Gipfel.

1973 Herbst: Spanier unter der Leitung von Jaime Garcia Orts versuchen den Normalweg – in 6050 m geben sie auf.

1974 Vormonsun: Japanische Frauen vom Jungfrau-Alpine-Club versuchen unter Miß Tsune Kunorishi über zwei Routen ihr Glück. Über den Ostgrat kommen sie nur auf 6000 m. Über den Normalweg allerdings erreichen am 4. Mai Naoko Nakaseko, Masako Uchida, Mieko Mori mit dem Sherpa Janbu den Gipfel. Ihnen ist damit nicht nur die fünfte Besteigung des Berges gelungen, sondern gleichzeitig die erste Besteigung eines Achttausenders durch Frauen. Eine Japanerin findet bei der Expedition den Tod, vermutlich durch Absturz.

1975 Vormonsun: Wieder versuchen sich Spanier unter Jaime Garcia Orts. Am 26. April gelingt Jeronimo Lopez, Gerardo Blazquez und dem Sherpa Sonam Wolang der Gipfelsturm über den Normalweg.

1976 Vormonsun: Die Südkoreaner kommen, wieder einmal geführt von Kim Jung-Sup, am Normalweg bis auf 7800 m.

1976 Herbst: Die siebte Besteigung des Manaslu gelingt einer persisch-japanischen Gruppe unter der Führung von Brig.Gen. Mohammad Khakbiz über den Normalweg. Am 12. Oktober stehen Mohammad Jafar Assadi aus Persien, Jun Kageyama aus Japan und der Sherpa Pasang auf dem Gipfel.

1977 Vormonsun: Gerhard Lenser leitet eine erfolglose Expedition, die am Normalweg auf 6800 m scheitert.

1977 Herbst: Franzosen unter Jean Frehel erreichen am Ostgrat eine Höhe von 7600 m.

1978 Vormonsun: Am Normalweg ist eine amerikanische Gruppe, die von Glenn Porzak geleitet wird, erfolglos. Bei 7300 m geben sie auf.

1978 Herbst: Versuch der Japaner unter Seiji Simizu. Am Normalweg kommen sie auf 8000 m.

1979 Vormonsun: Lorenzo Massarotto leitet eine italienische Expedition, die am Ostgrat auf 7500 m scheitert.

1979 Herbst: Argentinier versuchen sich ebenfalls am Ostgrat. Unter der Leitung von Guillermo Vieiro, scheitern sie bei 6550 m. Ein Todesopfer durch Lawinen.

1980 Vormonsun: Südkoreanern gelingt unter Li In-Jung über den Normalweg die achte Besteigung am 28. April durch Seo Dong-Hwan, Ang Pasang Sherpa und Ang Zawa Sherpa.

1980 Vormonsun: Polen versuchen unter der Leitung von Janusz Ferenski einen Aufstieg über den Südgrat (Zugang von Osten). Sie kommen bis auf 6550 m.

1980 Herbst: Hans Schell leitet eine österreichische Expedition, die am Normalweg 7300 m erreicht.

1980 Herbst: Tschechischer Versuch unter Margita Sterbova am Normalweg. Es werden 7200 m erreicht.

1981 Vormonsun: Organisierte Trekking-Expedition (Sport Eiselin, Zürich) mit großem Erfolg: Deutsche, Österreicher und Schweizer unter der Leitung von Hans von Kaenel gehen über den Normalweg zum Gipfel.

Die neue Route der Franzosen von 1981 (Beghin-Müller) in der Westflanke.
Vom 2. Lager an ist sie mit der Messnerführe identisch.

Am 7. Mai gelingt die neunte Besteigung des Manaslu: Hans von
Kaenel (Schweiz), Jürgen Mecke (BRD) und dem Sherpa Wangchu.
Am 9. Mai folgen Fredy Graf (Schweiz), Karl Horn (BRD), Andreas
Loferer (BRD), Hansjörg Mueller (Schweiz) und Hans Zebrowski
(BRD). Am 19. Mai schließlich stehen Walter Heimbach (BRD), Josef
Millinger (Österreich), Rüdiger Schleypen (BRD), Stefan Wörner
(Schweiz), Peter Wörgötter (Österreich), Peter Weber (Schweiz) und
der Sherpa Pasang auf dem Gipfel. Beim Abstieg gelingt Millinger und
Wörgötter eine durchgehende Skiabfahrt von 8125 m aus.

1981 Herbst: Franzosen unter der Leitung von Pierre Beghin eröffnen eine
Variante in der Westwand, die in der zweiten Aufstiegshälfte in die
Messnerroute mündet. Zehnte Besteigung durch Pierre Beghin und
Bernhard Müller am 7. Oktober.

1981 Herbst: Yasuo Kato leitet eine japanische Gruppe am Normalweg. Am
12. Oktober gelingt Takashi Ozaki die elfte Besteigung; am 14. Oktober folgen ihm Yasuo Kato und Masaki Tomita.

1982 Vormonsun: Eine spanische Expedition unter Enric Font kommt am
Normalweg auf 7600 m und verliert durch eine Lawine den Expeditionsleiter und ein Expeditionsmitglied.

1982 Herbst: Louis Audoubert führt eine französische Gruppe über den Normalweg zur 12. Besteigung. Am 10. Oktober erreichen Louis Audoubert und Nawang Tenzing Sherpa den Gipfel.
1982 Herbst: Eine andere französische Expedition wird von Jean Paul Balmat zum Ostgrat geführt. Sie scheitert auf 6200 m.
1982 Winter: Japaner unter der Leitung von Noboru Yamada versuchen erfolglos den Normalweg. Bei 7700 m müssen sie aufgeben. Ein Expeditionsmitglied stirbt durch Absturz.
1983 Vormonsun: Beim Versuch einer Erstbegehung des Südgrates kommen »Neje« Zaplotnik und Ante Bučan in einer Lawine um. Die Expedition wird aufgegeben.
1983 Herbst: In der Nachmonsunzeit erreichen zwei Teams den Gipfel. Ein Koreaner steigt am 22. Oktober über den Normalweg allein bis zum Gipfel (13. Besteigung).
   Einer deutschen Expedition unter der Leitung von Günther Härter gelingt die 14. Besteigung über die Südwand, wobei die Route der Tiroler von 1972 erstmals vollständig wiederholt wird.
1983/ Winter: Einer polnischen Expedition gelingt die 1. Winter-Bestei-
1984 gung des Manaslu. Die zehn Teilnehmer, unter der Leitung von Dr. Lech Korniszewski, schlagen das Basislager im Thulagi- Tal am 1. Dezember auf. Sie folgen der Tiroler (Messner) Route (1972). Stanislaw Jaworski stürzt tödlich ab. Er wird auf dem Thulagi-Gletscher begraben. Am 16. Dezember schlägt die Expedition im Schmetterlings-Tal, in 6400 m Höhe, Lager 2 auf. Am 21. Dezember wird in 7100 m Höhe Lager 3 errichtet. Am 11. Januar erreichen Maciej Berbeka und Ryszard Gajewski Lager 4 auf dem Plateau (7700 m) und schaffen am nächsten Morgen nach 5 Stunden den Gipfel. Dies ist die 3. Besteigung über die Tiroler Route (1972) und die 1. Winter-Besteigung des Manaslu.
1984 Vormonsun: Jugoslawen unter Ales Kunaver gelingt die Durchsteigung des Südgrates; 21. Gipfelbesteigung durch Stipe Bozic und Viktor Groselj am 4. Mai.

Literaturhinweis

1952 Dyhrenfurth, G.O., mit Beiträgen von Ernst Schneider: *Zum dritten Pol. Die Achttausender der Erde,* München.
1954 Schweiz. Stiftung für alpine Forschung: *Berge der Welt,* München.
1956 Yoda, T.: *Ascent of Manaslu in Photographs,* Tokio.
1957 »Himalajan Journal«, Nr. XX.
1958 Schweiz. Stiftung für alpine Forschung: *Berge der Welt,* München.
   Japanese Alpine Club: *Manaslu 1954-56,* Tokio.
1960 Dyhrenfurth, G.O.: *Der dritte Pol,* München.
1970 Dyhrenfurth, G.O.: *Alpinismus,* Heft 8.
   ?? Takahanashi, A.: *Rivista Mensile del CAI,* Heft 3.
   ?arobbio, A.: *Lo Scarpone,* Nr. 9.
   ?ner, R.: *Alpinismus,* Heft 7.